高职院校教师能力提升手册

GAOZHI YUANXIAO JIAOSHI NENGLI TISHENG SHOUCE

主　编 ◎ 李兴洲 单从凯

编写人员 ◎（按姓氏汉语拼音排序）
侯小雨 李世昊 毛艳丽
王　丽 王鲁艺 王　萌
王美静 王配配 王晓熳
徐明祥 姚雪晴 杨馨然
赵陶然

北京师范大学出版集团
BEIJING NORMAL UNIVERSITY PUBLISHING GROUP
北京师范大学出版社

图书在版编目（CIP）数据

高职院校教师能力提升手册/李兴洲，单从凯主编. —北京：北京师范大学出版社，2023.1（2025.7重印）

ISBN 978-7-303-28004-9

Ⅰ.①高… Ⅱ.①李… ②单… Ⅲ.①高等职业教育－教师－教学能力－手册 Ⅳ.①G715-62

中国版本图书馆CIP数据核字（2022）第131933号

出版发行：北京师范大学出版社www.bnup.com
北京市西城区新街口外大街12-3号
邮政编码：100088
印　　刷：三河市兴达印务有限公司
经　　销：全国新华书店
开　　本：787 mm ×1092 mm　1/16
印　　张：11.25
字　　数：225千字
版　　次：2023年1月第1版
印　　次：2025年7月第2次印刷
定　　价：45.00元

策划编辑：鲁晓双　　责任编辑：林山水
美术编辑：焦　丽　　装帧设计：焦　丽
责任校对：陈　民　　责任印制：赵　龙

前　言

著名教育家陶行知曾经说过："要想学生好学，必须先生好学。惟有学而不厌的先生才能教出学而不厌的学生。"教师必须树立终身学习理念，拥有自主学习、自我学习能力，专注提升教学水平和处理教育、教学实际问题的能力，自我充实与更新，与学生共同成长。严谨笃学，与时俱进，不断提升职业素养和职业能力，努力使自己成为一个合格的知识传播者。

教师的教学能力是教师专业发展研究的重要课题，也是职业教育教学高质量发展的关键因素。

近年来，国家层面开展了一系列的职业教育教师教学能力提升行动，如全国职业院校技能大赛教学能力比赛等，旨在全面提高职业院校教师的信息技术应用能力和教学能力水平。但如何切实为教师赋能、助力教师走出教学能力发展不均衡的困境、如何在教学能力类比赛中赛出好成绩是教师群体共同面临的难题和挑战。

本书旨在通过对教师教学能力模型和教学能力标准的分析研究，探索建立了具有科学实操指导性的教师教学能力提升教程。教程中不仅涵盖职业教育教师需要具备的能力模型，还包含了教学能力比赛的核心内容和考核要点。集一线教学案例、经典教育理论、权威教学模型、科学自我诊断于一体，是一本实用的认知工具书和自我诊断书。

从教学能力维度看，编者调研分析包括中国、美国、德国、英国、澳大利亚、日本、国际 IBSTPI 等的教师能力标准，分析、整合各国一级能力维度，参考全球典型的高职教师教学能力模型，设计 6 大教师能力维度。全书分六个部分，分别是专业理念与态度、专业知识、专业实践能力、自我评价与反思、教育技术能力和专业发展能力。本书不仅阐述相关教学知识，还提供能力诊断卡，侧重于能力提升，让教师在反思诊断中提升。最终形成 6 大教师能力领域，23 个能力子领域。

从教学实践的指导维度看，本书切合当前职业院校教师普遍关注的问题进行系统性阐述，特别对教学能力比赛的考核内容进行了系统性分析与总结，既可帮助教师教学能力的提升，也可促进教学竞赛组织与参赛观念、理念的更新，创新竞赛理论的应用，解决教学问题，提升教学比赛能力。

为了切实的指导教师发展，科学有效的诊断提升情况，我们还在书籍中配备了 23 张能力评测卡、80 个具体能力标准、105 个能力模型和工具，具有很强的系统性、实践性和实用性，希望本书内容对教师们的教学工作有一定的帮助价值。

目 录

第一章 师德师风建设……1
知识地图……2
第一节 爱国守法……2
一、爱国守法是教师做好基本工作的根基……2
二、依法执教是新时代教师必须遵循的基本要求……2
第二节 敬业爱生……3
一、爱岗敬业……3
二、热爱学生……3
第三节 严谨治学……4
一、学术研究求真唯实……4
二、教学科研合理把控……5
第四节 服务社会……6
一、“双师型”教师的独特社会定位……6
二、高职教师奉献社会的双重表现……7
【教师评测卡】……8
【参考资料】……9
第二章 了解高职学生……11
知识地图……12
第一节 掌握高职学生的学习特点……12
一、高职学生学习的技能性……12
二、高职学生学习的实践性……13
三、高职学生学习的情境性……13
四、高职学生学习的应用性……14
第二节 明确高职学生的学习目标……14
一、切实掌握行业领域的专业技能……14
二、向技术技能型人才的方向靠拢……15
三、以专业技能为起点实现价值创造……15

第三节 了解高职学生的心理发展 …… 16
一、明确职业教育的发展心理学基础 …… 16
二、高职学生群体常见心理矛盾及其分析 …… 17
三、关心高职学生的学业与生活 …… 20
【教师评测卡】 …… 21
【参考资料】 …… 22

第三章 沟通合作 …… 24
知识地图 …… 25
第一节 师生关系 …… 25
一、学会与学生相处 …… 25
二、与学生沟通的技巧和注意事项 …… 27
【教师评测卡】 …… 29
第二节 同事关系 …… 30
一、与同事合作 …… 30
二、与同事交流的要素及方法 …… 32
第三节 与家长沟通 …… 32
第四节 教师与行业企业的关系 …… 33
【教师评测卡】 …… 34

第四章 职业指导 …… 36
知识地图 …… 37
第一节 职业生涯指导 …… 37
一、什么是职业生涯规划 …… 37
二、职业生涯规划教育的必要性和意义 …… 38
三、帮助学生进行职业生涯规划的方法 …… 38
四、职业测评工具 …… 39
第二节 就业与创业 …… 51
一、注重就业和创业指导内容的科学性、全面性 …… 51
二、帮助学生形成良好的职业素养 …… 51
三、就业和创业指导的形式应多元化 …… 51
【教师评测卡】 …… 52

第五章 培养方案 …… 53
知识地图 …… 54
第一节 人才培养方案 …… 54
一、认知人才培养方案 …… 54

二、制订人才培养方案 …… 56
三、人才培养方案的组织实施 …… 60
第二节 课程标准 …… 63
一、什么是课程标准 …… 63
二、课程标准的编写技术 …… 64
三、课程标准编写模板示例 …… 67
【教师评测卡】 …… 69

第六章 教学设计 …… 71
知识地图 …… 72
第一节 教学设计概览 …… 72
一、什么是教学设计 …… 72
二、教学设计的模式 …… 75
第二节 教学设计技术 …… 75
一、教学设计的基本要素 …… 75
二、教学设计策略 …… 79
三、撰写教案 …… 90
【教师评测卡】 …… 92

第七章 教学实施 …… 94
知识地图 …… 95
第一节 教学环境的组织与安排 …… 95
一、教学环境界定 …… 95
二、教室的布局 …… 95
第二节 教学实施能力的培养与提升 …… 96
一、教学实施能力界定 …… 96
二、教学交流与沟通能力提升策略 …… 96
三、课堂管理及协调能力提升策略 …… 107
四、有效的教学方法及策略 …… 108
【教师评测卡】 …… 113

第八章 教学反思及能力培养 …… 114
知识地图 …… 115
第一节 初识教学反思 …… 115
一、教学反思的内涵 …… 115
二、教学反思的类型 …… 115

三、教学反思的过程 …… 116
四、教学反思的内容 …… 116
五、教学反思的具体方法 …… 117
第二节 教学反思能力的培养 …… 118
一、反思的层次划分 …… 118
二、自我反思能力的自测 …… 119
三、教学反思能力的培养与提升 …… 121
第三节 教学反思案例 …… 123
案例一："思想道德修养与法律基础"教学反思实例 …… 123
一、课程概况 …… 123
二、教学前反思 …… 124
三、教学中反思 …… 124
四、教学后反思 …… 125
五、案例总结 …… 126
案例二："工业机器人现场编程"教学反思实例 …… 127
一、课程概况 …… 127
二、教学前反思 …… 127
三、教学中反思 …… 128
四、教学后反思 …… 128
【教师评测卡】 …… 130

第九章 数字化技能 …… 132
知识地图 …… 133
第一节 数字化新理念 …… 133
一、数字化时代教师应具备的能力 …… 133
二、TPACK——教师数字化能力框架 …… 134
三、数字化时代，教师的自我定位 …… 135
【教师评测卡】 …… 136
第二节 数字化应用场景 …… 136
一、如何使用搜索引擎 …… 136
二、如何利用各类 App 资源 …… 137
三、如何利用学术资源 …… 138
四、如何利用开放共享课程资源 …… 139
五、如何进行资源管理 …… 139
六、如何制作常用资源 …… 141

七、如何利用信息化教学环境 …… 143
【教师评测卡】 …… 147

第十章 教研能力 …… 148
知识地图 …… 149
第一节 认识教研：教学研究与教研能力 …… 149
一、为什么要进行教学研究 …… 149
二、教研能力的概念与构成 …… 150
第二节 从做到研：由教学走向科研 …… 153
一、教学问题与研究问题 …… 153
二、教学问题向研究问题的转化 …… 153
第三节 学术论文的撰写 …… 155
一、什么是学术论文 …… 155
二、学术论文写作 …… 156
三、学术论文的结构和格式规范 …… 157
第四节 项目申报书的撰写 …… 158
一、什么是项目申报书 …… 158
二、项目申报书的基本内容 …… 158
三、如何写好项目申报书 …… 160
【教师评测卡】 …… 161
【参考资料】 …… 162

第一章　师德师风建设

知识点总数	知识点完成数	评测卡总数	评测卡完成数	知识地图总数	知识地图完成数

知识地图

通过本章学习，职业院校教师应掌握以下内容：

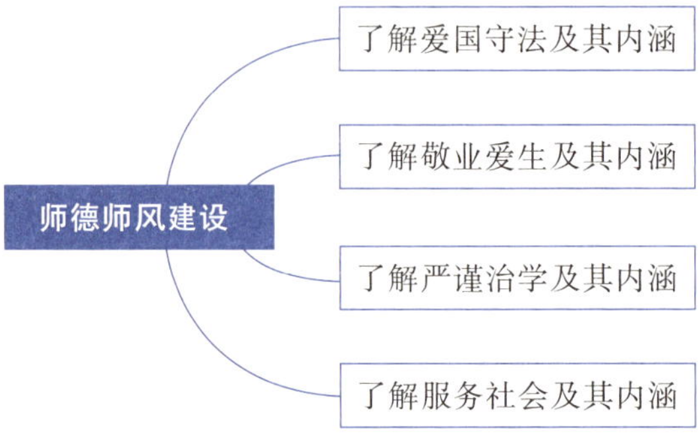

第一节　爱国守法

一、爱国守法是教师做好基本工作的根基

爱国守法之所以被视为师德师风建设的根本，客观层面是由于我国对民族团结与国家统一的法律法规要求，主观层面则是由于教师群体对民族与国家的认同感和归属感。爱国精神是每一位公民都应有的。爱国主义是中华民族深厚的历史情感纽带，也是五十六个民族团结奋斗、共同建设社会主义的力量源泉。

爱国守法是每一位教师都应恪守于心的基本准则，在此准则之上，教师培育出来的学生才能成为富有爱国主义精神的建设者，教育才能彰显民族特色与时代特色。要注意的是，师德师风建设中所强调的爱国守法，并不是盲目的与单调的，真正的爱国主义精神是合理合法的、是个体主观意愿与国家客观制度两相契合的，因此才是生生不息的、蓬勃发展的。2019 年 11 月，中共中央、国务院印发的《新时代爱国主义教育实施纲要》中再次强调，新时代爱国主义教育要“充分发挥课堂教学的主渠道作用”“培养社会主义建设者和接班人，首先要培养学生的爱国情怀”。这不仅进一步夯实了新时代爱国主义教育在我国教育领域的核心地位，也对教师开展爱国主义教育提出了更具体的要求。

二、依法执教是新时代教师必须遵循的基本要求

首先，作为新时代学校教育必不可少的组成部分，教师应有较强的法律意识和观念。《中华人民共和国教师法》(以下简称《教师法》)第八条规定，教师应“对学生进行宪法所确定的基本原则的教育和爱国主义、民族团结的教育，法制教育以及思想品德、文化、科学技术教育，组织、带领学生开展有益的社会活动”。法律观念反映出教师对待法律应有的态度，也应在日常教学中潜移默化地影响学生养成法律意识，而这会塑造学生对祖国的归属感和对法治社会的价值认同。拥有法律意识和观念是新时代

教师依法执教的思想前提。

其次，不论任何学段、年级的教师，在日常教学中都要谨遵《中华人民共和国宪法》与《教师法》的规定，一方面，通过持久的学习不断加深对法律的认知；另一方面，要结合学校的要求对学生展开适当的普法教育。从法律的角度而言，教师在学校中进行教学活动，就是在履行自身应尽的义务，因此教师的教学活动要做到合理、合法、严谨，不仅要符合国家和学校的规定，更要在此基础上有效地传授给学生知识。

第二节 敬业爱生

一、爱岗敬业

对于教师而言，所谓“爱岗敬业”，就是热爱教师这一工作岗位，专心致力于教师职业，把教师职业看作一项崇高的、光荣的使命。百年大计，教育为本。作为培育社会主义建设者与接班人的重要枢纽，教师职业又与其他职业有所不同。教育不是一蹴而就的事业，而是关系到国民综合素质与国家发展基础的社会有机组成部分。

教师应做到“爱岗敬业”，这是出自客观与主观两大层面的综合要求。客观上，爱岗敬业是教师职业道德的基本要求，是每位教师都应恪守的基本道德准则。《教师法》中也对教师应当履行的义务做出明确界定，如“贯彻国家的教育方针，遵守规章制度，执行学校的教学计划，履行教师聘约，完成教育教学工作任务”“不断提高思想政治觉悟和教育教学业务水平”等。主观上，选择教师职业，意味着个体对“教师”二字背后所蕴含的意义及其职业价值有了自己的判断。只有主动理解并认可作为教师所承担的独特使命，个人才能够体会“教师”职业的社会责任感与情怀，才能够发自内心地热爱自己的职业。

2018 年 9 月 10 日教师节之际，习近平总书记在全国教育大会上发表了重要讲话，再次指出在我国发展教育是“功在当代、利在千秋”的大事，这对我国的教师队伍提出了新的要求，强调“做老师就要执着于教书育人，有热爱教育的定力、淡泊名利的坚守”①。教师的爱岗敬业因其“教书育人”的特质而与其他行业又有不同，教师所承担的传递思想、传播知识、塑造灵魂的重任，关系到我国教育事业的发展、社会整体素质的进步与中华民族创新创造活力和实力的突破。教育实为国之大计，教师的爱岗敬业也是社会进步的必然呼吁。

二、热爱学生

苏联教育家苏霍姆林斯基曾说过，“教育，这首先是关怀备至地，深思熟虑地，小心翼翼地触击年轻的心灵，在这里谁有细致和耐心，谁就能获得成功”。对教师而言，热爱学生不仅是教师本职中不可

---

① 《习近平在全国教育大会上强调：坚持中国特色社会主义教育发展道路 培养德智体美劳全面发展的社会主义建设者和接班人》，载《人民日报》，2018-09-11。

或缺的部分，更是检验教师师德师风观念的重要考量。

《礼记·学记》有言，“是故学然后知不足；教然后知困。知不足然后能自反也，知困然后能自强也；故曰教学相长也”。这里的“教学相长”意味着教与学的相辅相成、互促互进，教与学的关系亦彰显师生关系的一种动态平衡。在学校环境下，教师专业领域的知识虽然要优于学生，但学校教育的意义在于知识的有效传承，因此要取得良好的教学效果，教师就必须虚心倾听学生的反馈、与学生进行良性的互动；而在社会生活中，“教师”与“学生”角色间的界限就比较模糊。《论语·述而》有言，“三人行，必有我师焉；择其善者而从之，其不善者而改之”，这就意味着没有绝对的教师，更没有绝对的学生。唯有虚心求教、不断学习，个体才能在复杂的社会环境中获得更好的发展机会，在人生道路上不断进步。

贯彻“教学相长”的原则，首先要求教师发自内心地热爱学生，对教育事业抱有自发的热爱，这种内生性的精神动力能够支撑一个人完成自己所追求的事业，教师对学生和教育事业的爱才是其职业生涯不竭的精神动力之源。其次，不论在何种情况下，教师都要做到真诚平等地对待学生。这要求教师放下架子，与学生平等地进行交流与讨论，循循善诱、谆谆教诲；在交流与讨论的过程中，教师应尊重学生的想法和观点，除在学业上给予学生指导外，更要潜移默化地引导学生建立积极、健康的人格和“三观”。在学习知识的过程中，教师和学生无高下之分，教师难免犯错、学生亦可自学成才，教学过程中的质疑、诘问与困惑在所难免。面对学生的不懂、不解乃至不信，教师应以理服人，向学生讲解、和学生共同探讨问题，教师应发自内心地热爱学生，学生亦会真情实意地爱戴老师。

第三节 严谨治学

一、学术研究求真唯实

(一)杜绝学术造假与学术腐败

学术造假，又称学术不端，泛指学术领域内违反学术规则和学术道德的行为，这种情况在世界范围都有出现。学术腐败则泛指利用学术资源谋取不正当的利益或用不正当的社会资源来谋取学术利益的做法。学术造假和学术腐败两者表现不同，但性质同样恶劣，都会破坏学术界的风气。

对职业教育领域而言，也存在学术造假与学术腐败的现象。这种现象的存在显然违背了教师“严谨治学”的价值取向。

学术造假和学术腐败现象都应是被抵制、被惩处的。换种角度思考，在职业教育领域做学术研究，其本身就有增进我国职业教育理论发展、促进我国职业教育现代化建设的作用。教师应守住学术道德的底线，对实际情况做出理智的判断。

(二)学习探索，开拓创新

为人师者，应明白学习对人之发展的重要作用，更应晓得“吾生也有涯，而知也无涯”的道理。行业领域存在既有的共识，随着科技的发展更催生出新技术、新知识、新共识，这就对教师提出了更高的要求。职业院校的教师，囿于学校与行业企业之间存在的时间差，所以很难第一时间掌握领域内的新技术，而职校由于不存在企业的竞争压力和技术需求，所以新技术由企业传递至职业院校的速度会进一步延缓。因此，在主观层面，职校教师对自身专业的敏感度和求知欲，直接决定着其对专业未来发展的整体把握。虽然近年来我国对产教深度融合、校企深度合作的推动愈加强烈，但教师的主观意愿决定其对政策的理解程度和执行力度，只有教师主观上愿意去接触领域内的新知识、愿意在学习中不断更新自身的知识，积极主动向领域内的尖端企业学习，才有可能真正实现新技术从企业到职业院校的有效转化。在这个学习的过程中，职校教师的眼界和对行业的理解会拓宽和深化，这是比知识的获取更有益的收获。

二、教学科研合理把控

(一)做好教学本职工作

教师应做到以教学为己任，兢兢业业地完成专业领域的知识传授工作。对职业院校教师而言，其教学本职工作的内涵更为丰富，不仅表现在将专业领域理论知识传授给学生，更要在实训场地中培养学生的专业实操能力，帮助学生实现理论与实操的融会贯通、良性循环，这才是职业院校教师教学工作的完整体现。

而在备课工作中，职校教师出于其“双师型”的独特属性，在教学的准备工作中要付出更多的时间和精力。一方面，职校教师所传授的知识属于行业企业领域的典型工作任务，技术的迭代升级与革新要求教师对技术时刻保持敏感，将专业知识的变革有机融入课堂教学中，最大限度地降低学生与市场的知识差；另一方面，在紧跟技术发展步伐的同时，不同地区、不同场域的高职院校往往都表现出与地方特色产业有机融合的集群现象，发展出相应带有地域特色和行业特色的专业。这就要求不同地域的职校教师在紧跟市场技术发展步伐的同时，维持并发展本院校的专业特色，思考如何将相关领域的新技术融入特色专业中，使之在技术爆炸发展的年代不落后于产业的需求。

职校教师应做好教学的本职工作，这不仅体现在课堂教学中，在课堂之外更应有所体现。

(二)将科研作为带动教学的重要抓手

对职业院校教师特别是高职专业课教师而言，科研二字并不陌生。随着国家近年来对职业教育领域“双师型”教师的重视，职校专业课教师职称的评定越来越同科研密不可分，具体表现为鼓励职校教师写作和发表学术论文、鼓励其结合自己的专业申报课题并展开相关研究等。或许对较为年轻的职校教师而言，以专业为起点发表学术论文或申报课题，在其攻读硕博学位阶段已习以为常，其成为专任教师后完全能够胜任一定的科研工作；但对老一辈职校专业课教师来说，或许他们对专业的认知与知识的传授已炉火纯青，但对科研的认知尚处在浅显的层面，因此难以做到教学与科研并重。那么对职校教师而言，怎样认识科研？如何做好科研？又如何以科研为重要支点、带动教学的进一步发展呢？相关的内容将在本书的第十章(教研能力)中进一步论述。

第四节 服务社会

一、“双师型”教师的独特社会定位

施行“双师型”教师制度，是职业教育区别于普通教育的重要特征。所谓“双师”，就是要求职业院校的教师既要掌握专业的理论教学能力，又要掌握相应的技术操作能力，如此才能有效地将职业理论与实践技能传授给学生，从而实现职业院校技能人才的培养和育成。

我国职业教育领域“双师型”教师的概念在20世纪末就已经出现，如1998年国家教育委员会印发文件《面向二十一世纪深化职业教育教学改革的原则意见》中，就明确提出“要重视教学骨干、专业带头人和‘双师型’教师的培养”。进入21世纪以来，我国有关职业教育的重要文件中不断强化职业院校“双师型”教师队伍的建设，如2019年的《国家职业教育改革实施方案》中提出“‘双师型’教师(同时具备理论教学和实践教学能力的教师)占专业课教师总数超过一半，分专业建设一批国家级职业教育教师教学创新团队”的明确指标；2020年的《职业教育提质培优行动计划(2020—2023年)》对提升职业院校“双师”教师素质做出了更具体的要求，并设立了到2023年“专业教师中‘双师型’教师占比超过50%，遴选一批国家‘万人计划’教学名师、360个国家级教师教学创新团队”的具体指标；2021年的《关于推动现代职业教育高质量发展的意见》又从更为宏观的角度明确了强化双师型教师队伍建设的指标，如“制定双师型教师标准”“加强职业技术师范学校建设”“落实教师定期到企业实践的规定”等。上述种种政策，不仅在制度层面为“双师型”教师在我国职教领域的发展奠定了基础，更表明其对我国职业教育发展和职业教育现代化建设不可或缺的重要作用。基于国家对“双师型”教师队伍建设的重视，我们有必要进一步厘清“双师型”教师的复杂内涵与时代特色，这样有助于“双师型”教师队伍的发展建设。

自21世纪初至今，我国职教领域的学者对“双师型”教师的内涵与概念界定已做出较为深刻的探讨或解读，不仅系统地分析了社会对“双师型”教师的认知误区；辨析了“双师型”教师较有代表性的认知观点(如“双师型”教师重在社会与职教领域共享社会资源、“双师型”教师应有专门的培育机构或院校、“双师型”教师在理论和实践层面都应达到统一的标准等)；梳理了“双师型”教师应具备的综合能力(如理论教学能力、基本实验能力、技能操作能力、基本设备维修能力、科研能力等)，由此引出了“双师型”教师发展过程中面临的问题(如“双师型”教师如何培养？其职称的发展如何评定？如何有效地扩大我国“双师型”教师在职业院校的占比?)。

在浅析了“双师型”教师的独特社会定位后，我们可以对其概念做出梳理：在基本能力和素养层面，“双师型”教师首先是教师，因此必须具备教师的基本能力与素养(如教师职业道德、教育教学能力等)；“双师型”教师还应具备特定职业所必需的能力和素养(如行业职业道德、技术应用能力、行业适应能力等)；最重要的是，“双师型”教师必须要做到将上述两种能力和素养有机结合。① 而在国家层面，教育

---

① 参见姚贵平：《解读职业教育“双师型”教师》，载《中国职业技术教育》，2002(6)。

部职业教育发展中心(原教育部职业技术教育中心研究所)曾在亚太经济合作组织资助的项目“职教师资标准及其形成方法”中，首次对中国职业教育教师做出了范畴界定：“职业教育教师应当：在本专业领域掌握坚实的理论基础和专门知识，特别是与应用型人才的职业实践有直接联系的知识，能够正确分析和评价该专业领域的职业活动和工作过程，有一定的课程开发能力。在本专业领域掌握较广的职业实践能力，具备一定实践经验。具有职业教育基本理论基础和能力，能够按照职业学习规律正确分析、评价、设计和实施职业教育教学过程。具有从事职业教育管理工作和处理相关公共关系的基本能力。具有对学生德智体美全面发展和职业发展提供指导的能力。具有一定的职业发展能力。”①这同样可以视为我国职业教育师资专业化发展的重要理论依据。

二、高职教师奉献社会的双重表现

(一)“传道授业解惑”——为社会培养技术技能型人才

在我国的职业教育领域中，高职教师奉献社会的表现之一是忠于自己的本职工作，在职业院校的课堂中“传道授业解惑”，将专业知识传授给学生，努力将其培育成国家和社会主义现代化建设所需要的技术技能型人才。《国家职业教育改革实施方案》中指出，要“自 2019 年开始，围绕现代农业、先进制造业、现代服务业、战略性新兴产业，推动职业院校在 10 个左右技术技能人才紧缺领域大力开展职业培训”。在职业院校中，为国家培育技术技能人才的主体就是高职教师。与曾经职业院校的人才培养要求有所不同的是，在社会主义现代化建设与“中国制造 2025”技术革命的加持之下，如今职业院校(尤其是高职院校)所培育的，应该是一大批“应用型、复合型、创新型”的人才。唯有集专业理论、实操应用能力与创新能力于一体的技术技能型人才，才能推动我国的科技创新与产业转型发展。唯有合格的“双师型”教师，才能培育出社会发展所真正需要的新生力量，从此种程度上而言，高职教师的工作比普通教育体系中的教师具备更高的实效性和更迫切的市场需求。

(二)前沿技术课堂化——普及新技术技能的中流砥柱

除教师最基本的“传道授业解惑”职能外，高职教师由于其“双师”身份，在企业、市场与学校间发挥着不可替代的纽带作用。

以《国家职业教育改革实施方案》颁布以来所推行的 1+X 证书制度(试点)为例。经过前四批 X 证书的试点实践，全国范围内以试点为契机的校企合作在深度上得到有效的加强，每个 X 证书试点的推行过程大致都可分为五个阶段，分别是(1)职业院校选择证书；(2)职业院校组织教师参加师资培训；(3)职业院校分批次开展校内试点；(4)职业院校申报并参与考试；(5)职业院校学生考取 X 证书。在试点过程中，职业院校教师与企业、职业院校间的中转与衔接作用有效地保障了试点工作的实际成效。第一，在职业院校试点展开的准备阶段，职业院校教师(大部分为高职教师)必须要按规定参与由职业培训评价组织(大部分以企业为主体)所开展的 X 证书师资培训，在获得相应资格证书以后，方可持证在所属高职院校中对学生展开 X 证书的教学与培训。第二，在职业院校试点的实际开展阶段，教师要

① 教育部职业教育发展中心研究所：《亚太经济合作组织教育论坛“职教教师标准及其开发方法”项目国际研讨会资料汇编》，52 页，北京，2000。

结合院校培养方案和课程标准的规定，充分发挥主观能动性，在完成既定教学任务的基础之上，采用不同的方式将X证书的教学有机融入日常教学中，既不耽误学生原有课程的学习，又能在此基础上完成对X证书内容的传授与实操训练，这就离不开高职教师的精心设计和反复推敲，才能实现试点任务与教学任务的两不误。第三，在试点的考试与评估阶段，教师一方面需在考点中(绝大部分设置在高职院校内)承担相应的考务工作，另一方面还需要结合自身参与试点经验，向企业提供有效的反馈，以促进相应X证书在标准层面的修订与优化。在上述过程中，教师既在必备的交流过程中深化了和企业的联系，又借助对X证书的讲授，在实际教学过程中实现了新技术从企业到课堂的有机转化。这一连续的过程，强化了教师将企业在职业院校课堂中普及新技术技能的中流砥柱作用。

【教师评测卡】

师德师风建设　评测卡							
评价项目	评价指标		分值				
			5 完全符合	4 较为符合	3 一般情况	2 较不符合	1 极不符合
爱国守法	1	我认真贯彻党的教育方针，一言一行同党中央保持高度一致					
	2	我积极参加学校组织的政治学习，做到有笔记、有心得、有总结					
	3	我自觉遵守《中华人民共和国职业教育法》《中华人民共和国劳动法》等法律法规，能识记职业教育法律法规的主要内容					
	4	我严格遵守学校制订的各项规章制度，服从管理，潜心教学					
敬业爱生	5	我尊重学生的人格，不讽刺、歧视学生，不变相体罚学生					
	6	我尊重学生主体地位，实行管理民主和教学民主					
	7	我能妥善处理好本职工作和个人生活之间的关系					
	8	我尊重并保护学生和学校的合法权益					
严谨治学	9	我能够恪守学术规范，坚决抵制学术造假和学术腐败行为					
	10	我能够积极参加教学研讨，在教学上有所建树					
	11	我自觉学习教育理论，积极参加职业技术技能培训，不断提高自身素质					
	12	我能够大胆创新，将教学与科研有机结合					
服务社会	13	我拥有“双师型”教师的资质，不断提升自我					
	14	我能够将学生培养成拥有扎实技术和良好品德的技能型人才					
	15	我能够积极参与校企合作，时刻紧跟本专业领域前沿技术					
	16	我具备一定的管理与创新能力，能够适应时代与技术的发展变化					

等级	优秀	良好	中等	及格	不及格
分数	71～80	61～70	51～60	41～50	41 以下

【参考资料】

教师职业素养的构成解读①

(一)内外兼修的品行

(大学教师)本身就需要具备较高的德行素养。古人早在《礼记·大学》篇中指出:“大学之道,在明明德,在亲民,在止于至善。知止而后有定,定而后能静,静而后能安,安而后能虑,虑而后能得。物有本末,事有终始。知所先后,则近道矣。”这段话,实际是在告诉后人,学习的最高境界是什么。而要达到这个境界,就需要懂得这样的道理:“古之欲明明德于天下者,先治其国;欲治其国者,先齐其家;欲齐其家者,先修其身;欲修其身者,先正其心;欲正其心者,先诚其意;欲诚其意者,先致其知。致知在格物。物格而后知至,知至而后意诚,意诚而后心正,心正而后身修,身修而后家齐,家齐而后国治,国治而后天下平。”大学生要实现自己的理想,就需要做到修身,要做到修身就离不开教师的指导和帮助。既然,要求学生“明明德”,教师就先要“明明德”。……在如此复杂的社会转型期,大学教师更要强化自身的德行素养,方可通过自身的表率作用有效影响成长中的学生。

(二)专业知识的构成

大学教师最需具备的素质是全面掌握学科专业知识。全面的学科专业知识,其构成是:(1)学科专业基础知识。教师应掌握本门学科专业的基本理论和基础知识,它是保证课程教学规范性、科学性的基础,也是保证课堂教学质量的基础。(2)课程教学方式方法。教师应掌握丰富多样的课堂教学方式方法,它是教师科学组织课堂教学过程和知识传播的基础。(3)相关学科专业知识。教师除需掌握本门学科专业知识外,还需具备相应的哲学、教育学、心理学、社会学、政治学、课堂教学管理以及相关和边缘学科专业等方面的知识。同时,为保证课堂知识教学能够跟上时代,还需适时完成知识的更新。一般说来,大学教师具备了这样的专业知识,才可能较好地完成课堂知识教学的本职工作。

(三)传播知识的技艺

教师传授知识,需要掌握将抽象的知识化为形象知识的技法和手段。这类手段可以借助教学工具实现,例如:借助纸、笔、黑板、实物或多媒体等;也可通过其他渠道实现知识的传播,如:语言、气味、色彩、声音或肢体表现等。既可采用面对面交流的方式,也可采用潜移默化的方式。既可用于课堂教学,也可用于课后交流。无论是技法,还是手段,都应是大学教师传播知识的基本功。基于知识传播技艺的需要,大学教师在传播知识的过程中,至少应必备如下技能:(1)观察和判断;(2)控制和调度;(3)思辨和演绎。教师具备这些能力,才可能充分发挥传播知识的技艺,提高教学效果。

(四)奉献事业的精神

全身心投入本职工作,是国家培养合格人才的客观需要。大学教师要做到全身心地投入本职工作,就需要具备奉献精神。这种精神,不仅表现在课上,也表现在课下,表现在人才培养的全过程。大学

---

① 参见王学军:《师风教艺初探——兼谈中国人民大学师德风范建设》,41~43页,北京,中共党史出版社,2013。

教师具备奉献精神，方能有益于以客观严谨求实的态度实践教学目的，以关注人才成长的视角把握课堂学习方向，以追求科学的方式实现课堂教学。在课堂教学中，教师的奉献精神表现在：有利于学生保持活跃兴奋的心理状态，使其执着于刻苦钻研、主动合作、科学创新和专心成才等方面。

除上述一般性要求外，对于优秀教师则需要有更高、更严格的要求。

第二章　了解高职学生

知识点总数	知识点完成数	评测卡总数	评测卡完成数	知识地图总数	知识地图完成数

知识地图

通过本章学习，职业院校教师应掌握以下内容：

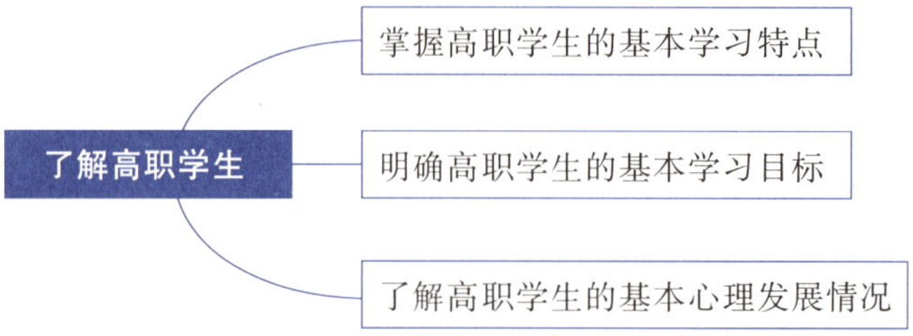

第一节　掌握高职学生的学习特点

一、高职学生学习的技能性

相比于普通教育的专业而言，高职学生的专业及所学知识是社会行业所直接对应的技术技能。以表 2.1 为例，高职院校的专业课程更注重对实操的训练、更贴合一个职业的真实工作场景；而高等院校的专业课程设置则包含更多的理论成分，更偏重于从原理的视角解读与学习某种学科，和特定职业的联系相对较弱。当然，高职学生学习的技能性是相较于普通教育彰显出的特色，在日常教学过程中，高职学生同样需要接受一定程度的专业理论知识以及基础文化课知识的学习，这与其表现出的技能性特点并不冲突。

表 2.1　高职院校与普通高等院校专业课程名称对比示例

学校与院系	
北京工业职业技术学院一机电工程学院①	北京大学一信息与工程科学部一工学院②
专业课程名称(以五年制一机械制造与自动化专业一首都机场订单班为例)： 智能设备维护课程包—— 机械零部件材料选用； 机械机构建模与仿真； 机械零部件设计； 机械零部件加工； 智能设备控制系统调试与维护； 智能设备操作与维护； ……	专业课程名称(以工程与科学计算方向为例)： 离散数学； 算法分析与设计； 计算机图形学； 计算几何； 计算流体力学； 计算固体力学； ……

① 北京工业职业技术学院主页，https：//jdgcx. bgy. edu. cn/zsjy/zsxc/d1728479d2d4480f92c57c00e01 21c89. htm，最后浏览 2021-12-24。

② 北京大学主页，https：//www. coe. pku. edu. cn/jxzs/bksjy/pyfa/index. htm，最后浏览 2021-12-24。

二、高职学生学习的实践性

高职专业的设置与实际工作过程密切相关，这也直接决定了学生学习过程的实践导向，技能的练习与掌握离不开实训与实操的辅助作用。这是高职学生学习的实践性特点的主要表现。

有学者认为，在具体的实践过程中，学生所掌握的知识既不是单纯的理论知识，也非单一的实践性知识，而是一种更具综合性质的“工作过程知识”(Work Process Knowledge)，这种知识与情境相关并以实践为导向。赵志群指出，工作过程知识是“主观与客观知识的结合”，认为其是“工作者在解决复杂问题的工作过程中被建构的，这一建构过程也是工作者实现自己工作目标的过程”①。工作过程知识的特征如表 2.2 所示。

表 2.2　工作过程知识的六个特征②

特征描述	特征表现
敏感性	随着经验的增加，逐渐具备对典型工作情境中的细微差别的感知和评价能力
背景性	职业实践共同体成员的工作经验增多，可建立起相似的行动模式和价值观，可以实现无法用言语表达的沟通与理解
情境性	只有了解起源，才可以主观感知工作情境。由经验得出的假设、观点和期望，终将汇入已有的情境性行动中，并设计出具有细微差别的行动方案
范式性	只有那些针对新问题、对原有行动方案和行为方式提出质疑并能产生新方案的工作任务，才是具有“范式”意义的“发展性任务”
可交流性	只有共同体内成员才能理解与情境相关的语言并进行有效交流
前瞻性	完成不可预知结果的任务的基础是不完整的知识(知识缺陷)，并由此发展“元能力”，从而完成没有标准答案的任务

三、高职学生学习的情境性

《情景学习：合法的边缘性参与》是美国加州大学伯克利分校的学者莱夫和温格(Jean Lave & Etienne Wenger)的著作。两位学者站在人类学的视角，选取了助产士、裁缝、军需官、屠夫和戒酒的酗酒者五个典型案例，向读者展示了“情境学习”的本质，分析了构成情境学习的要素，并首创性地提出了“实践共同体”(communities of practice)这一重要概念。“情境学习”和“实践共同体”的概念的引入与深化是此书不可忽视的理论贡献之一，作者们认为学习是“栖居世界中具有能动性的整个社会实践的一部分”③，这同样加深了人们对于“学习”这一概念更为广泛的思索。在此我们不对理论与概念做阐释与深究，只强调“情境性”对于学习，尤其是技能学习(职业教育当然属于技能学习的范畴)的关键作用。

---

① 赵志群：《职业教育学习新概念(第 2 版)》，27 页，北京，北京师范大学出版社，2021。

② Rauner, F., *Methodenbuch: Messen und Entwickeln berufliche Kom petenzen* (*COMET*), Bielefeld, W. Bertelsman, 2017, P53.

③ J. 莱夫、E. 温格：《情景学习：合法的边缘性参与》，王文静译，35 页，上海，华东师范大学出版社，2004。

高职学生学习的情境性与实践性均强调动手能力与实操能力，两者的不同之处在于，“情境性”更关注一种“临场感”，即要求学生在特定的工作场景中展开实践，这在近年来较受推崇的职业教育课程理论中亦有体现。“理论实践一体化”的职业教育课程论认为，为帮助学生在职业教育中获得真正有效的学习，必须进行整体化的课程设计，通过特定载体将“理论”与“实践”有机融合、通过手脑并用的“做中学”促进学生综合职业能力的发展。具体则表现为三种课程：项目课程、任务引领型课程以及学习领域课程①。“项目课程”即师生通过共同实施一个完整的“项目”工作而进行的教学活动；“任务引领型课程”以工作任务为中心来组织课程内容；“学习领域课程”是把学习理解为理论和实践一体化的职业能力发展过程，为学生提供一种能对理论和实践进行整体化链接的综合性工作任务和工作过程。“情境性”在上述三种课程理论中的参与程度不言而喻。

四、高职学生学习的应用性

高职学生学习有较强的应用性，这是同以上三种特性紧密相连的。“应用性”意味着高职学生学习的知识是市场和企业迫切需要的，而这种应用性最直接的表现，就是职业教育本身鲜明的“产教融合”属性。

2017 年，国务院办公厅发布《关于深化产教融合的若干意见》(以下简称“意见”)，明确指出要“将产教融合作为促进经济社会协调发展的重要举措”，这是出于我国对社会主义现代化建设人才队伍的迫切需求，因为职业教育培育的学生绝大多数面向企业技术与生产的前线，这不仅彰显出职业教育学生学习的应用性，更对职业院校的人才培养质量提出了更高要求。为此，“意见”进一步强化企业在产教融合过程中的主体作用，采取“深化‘引企入教’改革”“强化企业职工在岗教育培训”“拓宽企业参与途径”等举措，将职业教育尤其是高等职业教育的学生培养成市场和企业最为需要的技术技能型人才。

第二节　明确高职学生的学习目标

一、切实掌握行业领域的专业技能

《中华人民共和国教育法》第四十四条规定：“受教育者应当履行下列义务：(一)遵守法律、法规；(二)遵守学生行为规范，尊敬师长，养成良好的思想品德和行为习惯；(三)努力学习，完成规定的学习任务；(四)遵守所在学校或者其他教育机构的管理制度。”因此，对高职学生而言，其最基本的学习目标便是要“完成规定的学习任务”，也就是掌握各自专业领域的基本理论知识及技术技能。具体而言，职业院校学生不仅要掌握最基本的公共基础课程知识(如思政、数学、英语、历史和信息技术等通识类知识)，还要在不同领域的专业理论课与实训课中，掌握基本的技术理论知识和技术操作方式方法；不仅要通过院校的学业水平测试与技能考试，还应争取获得专业领域相应的资格证书，或取得初级、中

① 参见赵志群：《职业教育工学结合一体化课程开发指南》，北京，清华大学出版社，2009。

级的X证书，获得相应的技能等级认定。

职业院校为帮助学生更好地履行义务、习得专业知识技能，就要合理规划人才的培养。高职院校人才培养方案的制订与落实，对职业院校学生的学习目标达成至关重要。本书的第五章“培养方案”，将会详细解读职业院校人才培养方案的认知、制订与组织实施方面的内容。

二、向技术技能型人才的方向靠拢

对于高职学生，掌握专业涵盖的基本技术技能，是作为一名学生的义务；而在完成学业的基础上，对专业技能做到“专攻”“专精”，向专业技术人才的方向不断努力靠拢，则是每个高职学生都应有的价值追求。

“中国制造2025”的最终实现，离不开我国制造业不断转型升级，这就对更多更高质量的技术技能人才产生了根本需求，这也是近年来我国推行高职扩招政策、加快发展现代职业教育的根本出发点，也构成了持续培育技术技能人才的政治基础。因此，在顶层设计层面，我国先后颁布了《国家职业教育改革实施方案》《职业教育提质培优行动计划》《关于推动现代职业教育高质量发展的意见》等政策文件，国家对职业教育发展提出更高要求、关注日益密切，本质上仍然是出于对经济社会发展所需要的技术人才的强烈诉求。因此，在完成基本学业任务的基础上，职业院校有责任、更有义务将学生培养成“术业有专攻”的技术人才，高职学生更要以自身专业技能的不断进步作为求学和工作中的价值追求。

三、以专业技能为起点实现价值创造

上述两个维度的学习目标，是站在高职学生的视角对接受职业教育进行考量。而站在社会发展的视角看待高等职业教育的育人目标，就会指向职业教育人才的社会价值创造。

职业院校的学生由于职业教育的就业导向性与国家政策的大力支持，选择接受职业教育是习得某种职业技能的良好机会；而对我国的经济社会发展来说，则是获得高质量、专业对口技术技能人才的必然选择。职业院校学生在专业领域学有所成，不仅意味着自身有了更有利的行业竞争优势，更意味着在未来的工作岗位上有更大的机会创造出相应的社会价值，以促进行业企业的技术进步，从而推动整个国家的现代化发展与建设。从此种角度看来，高职学生的学习与职业院校的育人是一种“双赢”。

以北京市的国家级高职示范院校——北京电子科技职业学院为例，为大力支持2022年北京冬奥会速度滑冰比赛场馆的基础设施建设，全力保障与跟进场馆内的制冰工作，该学院下属的供热通风与空调工程技术专业特于2019年，同国家速滑馆“冰丝带”和国家游泳中心“冰立方”进行校企合作，成立“制冰订单班”，由教师带领学生在速滑馆内实地参与赛道冰层的制作工作。团队教师表示，“冰车修冰，讲究设置刀头的深度和出水量。而要把冰的厚度均匀控制在2.5厘米左右，冰面温差控制在0.5摄氏度以内，提升运动员的冰上体验，则要靠修冰这个完全考验手艺的技术活”①，而参与场馆制冰实习的学生表示，通过实习，不仅切实学到了制冰、修冰的技巧与手艺，更体验到了一种匠人的态度与技术的传承。

① 北京电子科技职业学院，“制冰订单班”为冬奥打造“最快的冰”[EB/OL]. 2021-12-20. https://www.bpi.edu.cn/mtdk/202112/t20211220_95717.html，最后浏览2022-3-24。

从上述案例中可见，职业教育尤其是高等职业教育因其专业的高度职业化特征，其校企深度合作的过程就是参与社会价值创造的过程。对高职学生而言，现阶段我国职业教育新型学徒制的发展、校企深度合作的持续推进与1+X证书制度的试点与落实，为学生习得专业技能、凸显就业优势以及表现创造社会价值能力，提供了丰富的机会。

第三节　了解高职学生的心理发展

一、明确职业教育的发展心理学基础

（一）心理学理论概述

发展性任务理论。美国芝加哥大学的心理学家哈维格斯特（Havighurst）通过研究，提出了独特的“综合适应发展理论”（Developmental Task），该理论认为：

（1）随着生命的发展进程，个体必须在不同阶段完成特定的任务，即“发展性任务”；每个阶段的具体任务受到来自生物内部（如身体成熟）、心理（如生活的愿望）和社会文化（如文化期望）的影响。

（2）完成发展性任务后，将会获得幸福和成功，为完成今后的任务奠定基础。

（3）若完不成发展任务，人就会感到不幸福，在将来的任务中也会遇到困难，且得不到社会的认可。

（二）每一发展阶段的具体任务

表 2.3　发展性任务理论——人生不同阶段的发展任务①

年龄阶段	发展任务概述
婴儿期与儿童早期（0～6 岁）	学习走路；学习食用固体食物；学习说话；学习控制排泄机能；学习认识性别和有关性别的行为和礼节；获得稳定的肌肉运动；形成对社会和身体的简单概念；对父母、兄弟姐妹及他人产生感情联系；学习判断是非并发展良知
儿童晚期（6～12 岁）	学习游戏必需的身体技能；形成健全的自我态度；学习与同伴和谐相处；学习扮演适合自己性别的角色；发展读、写、算的基本技能；发展日常生活所必需的各种观念；发展良知、道德观念价值标准；发展对社会团体和制度的态度
青少年期（12～21 岁）	接受个人的体形和性别角色；与年龄相近的异性和同性建立新的关系；情绪上不再依赖父母和其他成年人；树立经济上独立的自信态度；选择职业并做好就业准备；发展行使公民权利所需的知识、技能和观念；发展对社会负责的行为；准备适应婚姻和家庭生活；将自我价值建立在科学的基础之上
成年期（21～40 岁）	选择配偶；学习结婚后的配偶生活；开始尝试组建家庭、抚育子女并管理家庭；开始从事一种职业；履行公民责任；参与合乎自己性格和志趣的社团活动

① https：//wenku.baidu.com/view/6e90d267783e0912a2162ab9.html，最后浏览[2021-12-19]。

续表

年龄阶段	发展任务概述
中年期 （41～60岁）	完成成年人的公民和社会职责；建立并维持某种经济水准的生活；帮助青少年子女成长为可靠、成熟、幸福的成年人；开展中年期的闲暇活动；承受并适应中年期的生理变化；与年迈的父母相互适应
老年期 （60岁以后）	逐渐适应衰退的体力和健康状况；适应退休生活和收入减少的状态；适应配偶及朋友的死亡；尝试与其他老年人建立起密切联系

是什么动力驱动着个体完成上述不同阶段的发展任务？第一种动力是来自个体身体成熟和体力发展的规律，比如儿童先学会爬行后学会走路，中老年人则会面临身体机能逐步衰退的现实。第二种动力来自个体直接或间接的人生追求或个人抱负，比如追求事业上的成功或人生其他领域的发展，这属于自我内驱力的范畴。第三种动力则是来自社会的文化环境及社会期望，这会受不同的社会环境及风俗文化影响，比如学会处理人际关系的基本方法以及承担一个公民所应该承担的社会和政治责任等，这都是当今社会对个体的客观要求，这属于外部驱动力的范畴。

二、高职学生群体常见心理矛盾及其分析

（一）社会层面

如今我国职业教育发展仍陷于窘境的直接原因之一，不外乎其社会认同感的“低开低走”。职业教育没有得到应有的重视，人们仅仅将其看作普通教育赛道上的“休息区”，未曾赋予职业教育与普通教育同场竞技的资格。

（二）个体层面

1. 生理层面：形体与性别带来的心理问题

生理层面的问题是世界范围内处于青春期的学生所面临的普遍问题之一。职业院校学生的年龄跨度从十四五岁到十八九岁，可以说覆盖了个体生命的整个青春期，这一时期对每个人而言同样是一生中最为宝贵、最具特色、身心发展与三观塑造的黄金时期，也会产生各种生理与心理问题。

首先，处于青春期的职校学生在生理发育上日趋成熟。不论男女，学生在身高、体重等各方面逐步趋于稳定、成熟，第二性征的发育向成年人靠拢，男女学生在生理状况上已经表现出明显的两性差异。正是出于这一阶段生理发育的关键特征，该年龄段的学生对性征的差异较为敏感，生理的发育很大程度上影响着学生的心理变化，这是青春期学生普遍面临的问题。在这一身体发育的关键时期，学生的心理还远未成熟，很难正确地认识并接受身体上的变化与性别间的差异。所以教师要对青春期的职校学生给予基本的关照，关心他们的身心健康，合理地安排学生的日常学习与课外活动，在注意劳逸结合的同时，更要关注敏感学生的心理问题，重视基础生理课程以及医务室所能发挥的作用，从而保证职校学生的身心健康地发育、成长。

与此同时，由身体的变化发展而催发的青春期心理问题同样不可忽视。对于职校学生而言，处于身体发育关键阶段的同时，其学业与生活同样也面临着多重的选择。伴随着职业院校学生从普通教育

领域走向职业教育领域，学习内容发生了较大变化，学生未来的发展方向也开始了一系列的变化。直接面对专业的划分与未来职业的选择，职业院校学生在自我意识、人际交往需求、专业的学习乃至未来的求职与生涯发展等方面，可能会产生各种的心理问题，此种问题与青春期生理的问题糅杂，很可能会使职业院校学生产生心理矛盾与冲突。不论是生理成熟与心智不成熟的矛盾、理想自我与现实自我的矛盾、寻求自立与现实依赖的矛盾，还是心理闭锁与交往需求的冲突①，都是职业院校学生不可忽视且较为普遍的重要心理问题。

2. 认知层面：因“职业教育”而产生的心理焦虑

环境适应问题。对大多数职业院校学生而言，初入职业院校的校门，不仅面对着全新的校园环境、面对着入住集体宿舍和与新同学交往的新鲜之感，更要接触与曾经义务教育阶段全然不同的学习内容。因此，在这种转变之下，存在部分职业院校学生因为不能很好地适应校园环境，影响了自身的交友情况乃至学业进展。面对这种较为普遍的问题，一方面，职业院校的班主任要做好新生的安抚工作，借助(但不限于)班会等形式，帮助班级学生尽早“破冰”，同时还要格外留心班上存在经济困难或家庭变故等问题的同学，帮助职业院校的新生尽早适应全新的校园环境；另一方面，职业院校的领导层也要意识到，良好的校园环境、校园文化能够潜移默化地对学生带来积极的正向作用，因此在校园中开展运动会、校园文化周、专业技能建设沙龙等丰富多彩的集体活动，不仅能在学生中形成凝聚力、帮助学生早日融入学校和班级大家庭，更能够在活动中强化学生对专业的理解、认识与实践，有助于学生的专业能力发展。

心理调适问题。职业院校学生的心理调适问题，主要表现为“理想之我”与“现实之我”的矛盾与冲突。这一冲突的显著表现，一是学生处于职业院校的现实与预期理想之间的落差，二是身为职业院校学生的个体，在面对普通高中乃至普通高校的同学与朋友时，可能会产生的一种“身份落差”。这些源于学生内心深处的、可能不被学生所意识到的“自白”，恰恰是处于青春期的学生自我意识成长的表现。这些问题也广泛出现在身处青春期的所有孩子身上，个体开始出现如心理学家所描述的“本我”“自我”与“超我”相碰撞与冲突的心理状态。但从另一种角度看，职业院校学生出现此种心理调适问题的同时，他们自我意识开始走向成熟。个体自我意识走向成熟的过程，正是个体不断塑造并形成自身三观的过程，这为每个人在未来社会生活中塑造和谐人际关系、平衡工作生活关系奠定了基础。古有“三百六十行，行行出状元”的谚语，如今我国在政策上重视对“技术技能型人才”的诉求，这不仅能够为未来职业教育的高质量发展打下基础，更能够为身处职业院校中的学生带来身份与发展前景上的慰藉。职业院校教师更应看到不同专业的实际价值与发展前景，引导学生正确地看待自我，使其不致于妄自菲薄，在培养学生自尊心的同时，帮助他们确立符合各自特色的“理想自我”。

发展前景问题。这里所指的“发展前景问题”是从个体自身层面出发，即职业教育学生对职业教育的不信赖或认知缺失，“发展前景问题”反映出自我意识逐步觉醒的职业院校学生，在寻求自立与现实依赖的情境下产生的认知冲突。简言之，就是即将成为社会中独立个体的学生，会对自身所学的专业、自身的发展前景以及未来在社会中所处地位的思考与认知矛盾。一方面，该年龄段的学生或多或少会

---

① 参见卢红、李利军：《职业教育心理学》，41页，上海，华东师范大学出版社，2010。

产生一种“独立”意识，在具备一定自理能力、对世界产生了一定基本认知的基础上，青春期的孩子普遍不喜欢家长的过分管束。学生虽然在心理上尝试突破与超越，但由于缺少社会历练，在很多重要的场合必须依赖父母的帮助。另一方面，受家庭观念与社会舆论的影响，很少有职业院校的学生能够从宏观发展的视角看待职业教育及其发展。因此，职业院校教师除专业上的教学外，还要适当地为学生合理普及发展前景认知，引导职业院校学生认识国家近年来对职业教育发展的重点关注方向，帮助学生跳出单一的技能认知范畴，上升到人才培养与社会主义现代化建设重要关系的层面，引导学生认识什么是国家所需要的“技术技能型人才”，进而为学生树立起对自身专业以及我国整个职业教育领域发展的积极认知。

事实上，自2019年发布《国家职业教育改革实施方案》起，步入“十四五”新的发展阶段，我国在顶层设计层面已经在逐步深化对职业教育的认识，在职业教育尤其是高等职业教育领域的改革措施也越发有的放矢。2021年10月出台《关于推动现代职业教育高质量发展的意见》提出“到2025年，……职业本科教育招生规模不低于高等职业教育招生规模的10%”的指标，对职业本科的招生规模放宽界限，鼓励社会大众积极参与职业本科院校的建设与发展；2021年10月发布《关于提前下达2022年现代职业教育质量提升计划资金预算的通知》则在职业教育改革最为关键的财政层面给出了明确支持，不仅将2022年度全国各省市职业教育质量提升计划的资金预算表加以透明公示(见表2.4)，更对资金的分配、备案与下达等工作做出明确要求与职责划分，为我国职业教育的年度改革发展奠定了较为稳固的经济基础。

表2.4　2022年现代职业教育质量提升计划资金预算表(部分)①

序号	地区	金额(单位：万元)
一	合　计	2492226
1	北京	26181
2	天津	26865
3	河北	117171
4	吉林	46260
5	黑龙江	60678
6	上海	17757
7	江苏	84240
8	浙江	63945
……	……	……

以上种种政策导向表明，在我国向现代化强国循序发展的过程中，职业教育已经拥有了较为稳固的制度保障。未来的职业教育的发展定位是一种教育的类型、一种平等的选择，它的发展前景同样是走势向好、值得期许的。

① 中国政府网. 关于提前下达2022年现代职业教育质量提升计划资金预算的通知[EB/OL]. 2021-10-29. http://www.gov.cn/zhengce/zhengceku/2021-11/23/content_5652797.htm，最后浏览2021-12-24。

三、关心高职学生的学业与生活

（一）重视学生的学习与心理辅导

心理辅导是针对一些有情绪障碍、行为偏差以及学习和适应有困难的学生，帮助他们适应环境，消除各种异常心理和行为。心理辅导体现于促进学生身心的健全发展，其中包括促进学生健全人格与心理适应能力的发展，如提高自尊，强化承受挫折的能力，发展社交能力，学习合理利用闲暇时间，等等，使他们的各种潜能得到充分的发挥。学校传统的心理辅导侧重于矫治层面，为少数有问题和适应有困难的学生提供服务，补救性工作占主导地位，忽视对正常学生的辅导。现在，矫治性工作虽是辅导工作不可缺少的一部分，但强调提高学生的心理素质水平、发挥学生潜能的发展性工作却日益受到重视。辅导对象由过去单纯面向心理障碍的学生扩及全体学生；辅导内容由心理治疗、职业指导扩展为生活辅导、学习辅导和职业辅导，其中生活辅导是对学生人生、人格的辅导，辅导的目标也由单一的变成多层次目标。解决学生存在的心理问题或纠正偏差行为只是辅导工作中的短期目标；而培养学生具有正确的自我观，能适应学习和人际关系，具备独立自主的能力，建立正确的人生观和适当的生活方式等则是辅导的中期目标；辅导的终极目标是自我完善，使个人潜能得到充分发挥。矫治、适应、发展分别体现了三个不同层次的目标指向。①

（二）心理测评量表

1. 卡特尔 16 种人格因素问卷②

卡特尔（Raymond B. Cattell），是当今世界公认的人格理论家，他运用因素分析的方法，将人格的特质归类为 16 种基本要素，或 16 种根源特质，据此而编制出的“卡特尔 16 种人格因素测验”被相关领域广泛使用，该测验也普遍运用于高校学生入学心理测试。

2. 心理健康临床症状自评测验

心理健康临床症状自评量表是世界上最著名的心理健康测试量表之一，目前被广泛应用到心理疾病门诊的检测乃至高校新生入学的心理测评中。该量表共有 90 个项目，分为 9 个分量表，分别为躯体化、强迫症状、人际关系敏感、抑郁、焦虑、敌对、恐怖、偏执和精神病性。该量表的优点有三：一是适用年龄的范围广泛，从初中生到成年人都适合；二是该量表的评估结果真实性较高，其涵盖的内容较为丰富，所反映出的症状种类也更多样化；三是该量表省时省力，在 20 分钟内即可答完全部问题。

心理健康临床症状自评量表的具体题目和选项要求将附在本章节末尾的参考资料处，供读者知识拓展之用。

（三）重视职业指导与生涯规划的潜在作用

帮助学生明确自身的职业定位并对其进行合理的指导，对学生未来的职业判断与选择尤为重要。

---

① 参见张蔚、石晓春：《高职院校大学生心理辅导》，277 页，大连，大连海事大学出版社，2007。

② 16 种人格因素问卷是美国伊利诺伊大学人格及能力测验研究所卡特尔教授编制的用于人格检测的一种问卷，简称 16PF。卡特尔是人格特质理论的主要代表人物，对人格理论的发展做出了很大的贡献。16PF 适用于 16 岁以上的青年和成年人，现有 5 种版本：A、B 本为全版本，各有 187 个项目；C、D 本为缩减本，各有 106 个项目；E 本适用于文化水平较低的被试，有 128 个项目。我国现在通用的是美籍华人刘永和博士在卡特尔的赞助下，与伊利诺伊大学人格及能力研究所的研究员梅瑞狄斯博士合作，于 1970 年发表的中文修订本。

那么应如何大致了解自己的职业定位？相关研究将职业定位分为以下五类①：

(1)技术型。这类人出于自身个性与爱好，更愿意在自己所处的专业技术领域发展。

(2)管理型。这类人有强烈的愿望去从事管理，同时经验也告诉他们自己有能力达到高层领导职位，因此他们将职业目标定为有相当大职责的管理岗位。

(3)创造型。这类人需要创造完全属于自己的东西，或是以自己名字命名的产品或工艺，或是自己的公司，或是能反映个人成就的事物。他们认为只有这些实实在在的事物才能体现自己的才干。

(4)自由独立型。有些人喜欢独来独往，很多有这种职业定位的人同时也有相当高的技术型职业定位。但是他们不同于那些简单技术型定位的人，他们并不愿意在组织中发展，而是宁愿做一名咨询人员，或是独立从业，或是与他人合伙开业。

(5)安全型。有些人最关心的是职业的长期稳定性与安全性，他们为了安定的工作、可观的收入、优越的福利与养老制度等付出努力。

上述研究分类并非绝对，只是对社会中不同群体的职业定位做一种较有代表性的解读。

【教师评测卡】

了解高职学生　评测卡

评价项目		评价指标	分值				
			5 完全符合	4 较为符合	3 一般情况	2 较不符合	1 极不符合
对高职学生学习特点的把握	1	我能够充分把握学生学习技能性的特点展开教学					
	2	在教学过程中我充分让学生参与实操任务					
	3	我明确“情境学习”的内涵，并能够在特定的工作情境下开展教学					
	4	我传授给学生的知识是符合市场发展需求且应用性强的					
对高职学生学习目标的了解	5	我为将学生培养成技术技能型人才而不懈努力					
	6	我能够传授给学生本专业领域最核心、最具实效性的技术技能					
	7	我对绝大多数学生的学习目标有着清晰的把握与认知					
	8	我认为本专业的学习能够帮助学生实现自我的社会价值创造					
对高职学生心理发展的认知	9	我熟练掌握教育心理学的基本知识					
	10	我能够及时分辨学生的心理问题并做出有效疏导					
	11	我能够采取积极乐观的态度帮助学生进行自我调适					
	12	我充分关心每位学生的学习与基本生活状态					

等级	优秀	良好	中等	及格	不及格
分数	50～60	40～49	30～39	20～29	20 以下

① 参见张蔚、石晓春：《高职院校大学生心理辅导》，212～213 页，大连，大连海事大学出版社，2007。

【参考资料】

心理健康临床症状自评量表（SCL-90）

注：SCL-90的每一个项目均采用五级评分制，具体如下：

(1)没有，自觉无该项问题。

(2)很轻，自觉有该项症状，但对被试并无实际影响，或者影响轻微。

(3)中度，自觉有该项症状，对被试有一定影响。

(4)偏重，自觉有该项症状，对被试有相当程度的影响。

(5)严重，自觉该症状的频度和强度都十分严重。

1. 头痛	46. 难以做出决定
2. 神经过敏，心中不踏实	47. 怕乘电车、公共汽车、地铁或火车
3. 头脑中有不必要的想法或字句盘旋	48. 呼吸有困难
4. 头昏或昏倒	49. 一阵阵发冷或发热
5. 对异性的兴趣减退	50. 因为感到害怕而避开某些东西、场合或活动
6. 对旁人责备求全	51. 脑子变空了
7. 感到别人能控制自己的思想	52. 身体发麻或刺痛
8. 责怪别人制造麻烦	53. 喉咙有梗塞感
9. 忘性大	54. 感到前途没有希望
10. 常担心自己的衣饰是否整齐及仪态是否端正	55. 不能集中注意力
11. 容易烦恼和激动	56. 感到身体的某一部分软弱无力
12. 胸痛	57. 感到紧张或容易紧张
13. 害怕空旷的场所或街道	58. 感到手或脚发重
14. 感到自己的精力下降，活动减慢	59. 想到死亡的事
15. 想结束自己的生命	60. 吃得太多
16. 常听到旁人听不到的声音	61. 当别人看着自己或谈论自己时感到不自在
17. 发抖	62. 有一些不属于自己的想法
18. 感到大多数人都不可信任	63. 有想打人或伤害他人的冲动
19. 胃口不好	64. 醒得太早
20. 容易哭泣	65. 必须反复洗手、点数目或触摸某些东西
21. 同异性相处时感到害羞不自在	66. 睡得不稳不深
22. 感到受骗，中了圈套或有人想抓我	67. 有想摔坏或破坏东西的冲动
23. 无缘无故地突然感到害怕	68. 有一些别人没有的想法或念头
24. 自己不能控制地大发脾气	69. 感到对别人神经过敏
25. 怕单独出门	70. 在商店或电影院等人多的地方感到不自在
26. 经常责怪自己	71. 感到任何事情都很困难
27. 腰痛	72. 一阵阵恐惧或惊恐

续表

28. 感到难以完成任务	73. 感到在公共场合吃东西很不舒服
29. 感到孤独	74. 经常与人争论
30. 感到苦闷	75. 单独一人时神经很紧张
31. 过分担忧	76. 别人对我的成绩没有做出恰当的评价
32. 对事物不感兴趣	77. 即使和别人在一起也感到孤单
33. 感到害怕	78. 感到坐立不安心神不定
34. 感到自己的感情容易受到伤害	79. 感到自己没有什么价值
35. 旁人能知道自己的私下想法	80. 感到熟悉的东西变得很陌生，或不像是真的
36. 感到别人不理解自己、不同情自己	81. 大叫或摔东西
37. 感到人们对自己不友好，不喜欢自己	82. 害怕会在公共场合昏倒
38. 做事必须做得很慢，以保证做得正确	83. 感到别人想占自己的便宜
39. 心跳得很厉害	84. 为一些有关性的想法而苦恼
40. 恶心或胃部不舒服	85. 我认为应该因为自己的过错而受到惩罚
41. 感到比不上他人	86. 感到要赶快把事情做完
42. 肌肉酸痛	87. 感到自己的身体有严重问题
43. 感到有人在监视自己、谈论自己	88. 从未感到和其他人很亲
44. 难以入睡	89. 感到自己有罪
45. 做事必须反复检查	90. 感到自己的脑子有毛病

第三章　沟通合作

知识点总数	知识点完成数	评测卡总数	评测卡完成数	知识地图总数	知识地图完成数

知识地图

通过本章学习，职业院校教师应掌握以下内容：

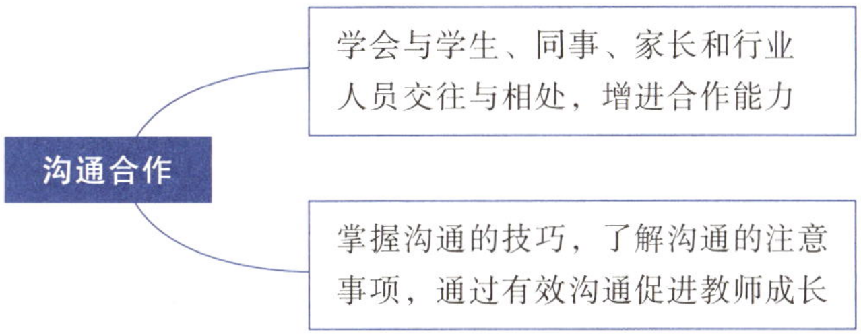

人具有社会属性，我们每天都在与人沟通。我们是否想过：为什么要沟通？没有沟通，每个人都是一座孤岛，因为沟通传递彼此的思想，人与人有了交汇和共鸣，我们看到不一样的世界，我们的思想也因沟通充满活力。现实中，有的沟通使人愉快甚至感动，而有的沟通使人沮丧……那么，什么样的沟通才是有效的沟通？

有效沟通能够促进不同主体相互理解、协调合作。教师应明确交往和沟通的目的，即互相理解、达成共识，其中，“真诚一致”是交往和沟通的法宝，说话忠实守信，行为厚道有礼，则无往而不利。本章将通过具体阐释师生关系、同事关系、教师与学生家长的关系、教师与行业企业的关系以及有效沟通的方法，促进教师的沟通合作能力。

第一节　师生关系

师生关系是教育中最基本、最重要的关系，从根本上决定了教育的质量和水平。教师是学生成长中的引路人，而教师的成长正是在与学生交往互动中得以实现。教师最大的成功在于教出比自己更加优秀的学生，因此，师生关系可谓互相成就，共同促进。

民主平等是师生关系的基本特征，而沟通是维持师生关系最基本的方式。沟通和相处的方法技巧成千上万，但最关键和最根本的是用心。对教师这一行业的热爱和使命感，对每个学生发自内心的、真诚的关心和关爱，是教师成长的不竭的源动力。当教师具备关爱学生的爱心时，才会有自我反思的内在动力，并且思考什么是对学生真正有价值的教育，正是这种使命感和关爱学生之情，促使教师充实完善自身，反思教育中的问题，主动学习知识和技能以提升自身能力。

一、学会与学生相处

（一）理解和尊重学生

爱默生说“教育成功的秘密在于尊重学生”。教师对学生的尊重，如同一把打开学生无限潜能的钥匙，能够激发学生无限的创造力。教师尊重学生要体现在以下方面。

第一，尊重学生的人格，这是人与人相处时最基本的尊重。我国《教师法》中明确规定，教师有义务尊重学生的人格。人格是个体的一种内在品质，是在遗传与环境的交互作用下，个体所具有的稳定而独特的心理品质。简单来说，学生人格可以理解为学生的个性，是学生带有倾向性、本质性和稳定性的心理特征，包括爱好、兴趣、能力、气质等。尊重学生的人格，不以个人好恶为标准压抑学生的个性。

第二，尊重学生的意愿。尊重学生积极的意愿、兴趣、愿望和理想，是最高层次的尊重。学生通过独立思考而产生的意愿和需求是其成长的巨大动力，教师只有尊重和鼓励学生的意愿和理想，才能够成就属于学生自己的未来。当学生能够自己做主、自我掌控时，当学生意识到要对自己的理想和未来负责时，当学生的意愿得到教师的支持和鼓励时，学生会迸发出一种可贵的、积极向上的生命力，发挥出自己真正的价值。当然，学生的意愿有时会出现偏差，教师要承担起及时疏导的责任，在学生成长的道路上做好引路人。

(二)欣赏和赞美学生

教师要善于发现学生的优势和潜能，要了解学生的身心状况、思想道德品质、兴趣需要、知识水平、学习态度和学生的个性特点，因材施教、扬长避短，充分激发学生的学习动机和潜力。

教师要用发展的眼光看待充满无限“可能性”的学生。苏霍姆林斯基说：“学生身上隐藏着天才数学家、哲学家、生物学家……”①学生的潜能是无限的。对于学生的不完美，作为旁观者的教师往往能够敏锐地发现学生存在的种种问题，但应认识到学生的“未完成性”，用包容和鼓励的态度激励学生进步和成长。

教师要尊重学生的差异，因材施教。美国心理学家霍华德·加德纳(Howard Gardner)的多元智能理论表明，智力是相互独立的一组能力。② 每个个体的智能组合方式不同，每个人都有自身的特长，不同学生有不同程度的接受能力，因此不能给学生制订同样的标准。教师应该善于扬长避短、因材施教，充分发掘每个学生的优势，通过鼓励促进学生成长。班级里有“社交达人”“组装能手”，也有“艺术天才”“体育健将”和“文学大师”，对于优势突出的学生，教师应当创造机会，充分发展学生的天赋和才能。

(三)言传身教，提高自身修养

言传意味着通过语言向学生传播知识、思想文化和做人的道理等；而身教则是教师通过自身的言行举止对学生产生示范和熏陶作用。《论语》说“其身正，不令而行；其身不正，虽令不从”，由此可见，身教对学生的影响更加深远。具有高尚的职业道德的教师是学生的榜样，教师的道德水平和行为方式会潜移默化地融入日常的教学和与学生的交往中，在无形中塑造了学生的人生观、世界观和价值观，对学生人格的发展产生深远影响。教师一方面要树立终身学习的意识，不断提升自身的专业知识和能力；另一方面，要做到知行合一，言行一致，为学生树立榜样。

---

① [苏]苏霍姆林斯基：《给教师的建议》，杜殿坤译，422页，北京，教育科学出版社，1984。

② 参见郅庭瑾：《多元智能理论与个性化教育：诠释、悖离与超越》，载《上海教育科研》，2013(04)。

(四)建立课堂常规，树立教师威信

为保证课堂教学的效果，教师应本着公平公正的原则，制订合理的课堂常规，树立威信，同学生建立共识。教师应考虑学生的年龄特点和个别差异，引导整个班级共同建立合理且公平的规则。首先，运用民主的方式制订课堂常规，激发学生遵守规则的内生动力。即师生共同讨论，集体制订规则，这种课堂常规的建立不仅有助于学生遵守规则，还能够增强学生的民主意识、主人意识。其次，课堂常规要宽严适度，符合学生的身心特点和实际情况，为学生所接受，同时避免教师的偏见。最后，规则的内容应简洁明确，通俗易懂，突出主旨，以条款的方式张贴在教室的墙壁上，便于学生阅读理解和操作执行。

(五)定期与学生开展各种形式的交流活动

教师要定期与学生进行单独谈话，了解学生的思想、心理情况。单独谈话的好处是，可以一对一深入沟通，增进对学生的理解，学生在这种时候往往能够表达更加真实的想法，得到教师及时的反馈。

定期举办集体活动。教师要充分利用和发挥学校班级的优势，进行班会或团体辅导等集体交流活动。集体活动是培养学生集体生活、集体意识、集体中交往的重要契机。集体中的互动和交往非常重要，学生在集体中敞开心扉，在集体中表达自己的观点，学会倾听和沟通，对学生的人际交往会产生积极的促进作用。

二、与学生沟通的技巧和注意事项

(一)学会倾听

倾听，看似简单，实际上是一门学问和艺术。中国有俗语：“听君一席话，胜读十年书。”个体在社会交往中，要通过接受他人的信息，做出适当的回应并表达自己的观点和想法，使交往成为可能。倾听是“倾”和“听”的结合，是一种主动的、积极的、有意识的行为。要真正做到倾听，是一件很不容易的事。在与学生的沟通中，很多教师可能会“说得多，听得少”。沟通中最重要、最基本的就是倾听，倾听是了解学生内心世界的有效方式，也是沟通最重要的技巧之一。

在倾听时教师应做到：首先，做好充分准备。这需要教师对学生的个人情况和个性特征有充分了解，教师需要在平常下功夫，融入学生当中，了解学生所思所想、志趣所在，有的放矢地加以引导。其次，教师要有充分的耐心，不要急于给出答案，而要“循循然善诱人”。教师要善于引导学生自己思考，要相信学生通过思考，最终会形成自己的想法。最后，要有共情能力。用心感受说话者的内心和语言背后的含义。除了学生的言语，学生的肢体语言也能反映学生的态度和想法，因此教师与学生沟通需要细心留意学生的一言一行。

(二)适当的回应和反馈

教师要从传统的课堂模式中解放出来，以学生为中心，引导和鼓励学生充分表达。在沟通过程中，教师要注意与学生的互动，鼓励学生表达观点，同时在讨论偏离主题时适时地引导学生向主题靠拢。此外，教师与学生沟通时，要注意提问的方式和技巧。提问的注意事项有以下几点：第一，提问时尽可能避免对问题的答案进行预设，要乐于接受学生的想法，留出充分的时间给学生思考。第二，在提

问时眼神和动作要表现得亲切，鼓励学生充分表达。第三，以开放式提问为主，如有哪些？为什么？怎么做？第四，问题要明确具体，问题内容简洁明确。第五，适当追问。在学生表达模糊时，应适当引导学生进一步说明，使表达的信息更丰富，比如当学生说“我觉得挺好”时，引导者应追问“能具体说说是哪方面好”，以此帮助学生澄清想法。第六，结合学生的生活进行提问。这需要在日常教学和生活中尽可能观察和顾及每一位学生，善于发现学生生活中的典型事件，根据学生的表现或者学习生活中发生的事件进行提问，使学生感到被关注，从而更积极地思考。

(三)优化沟通氛围

沟通的氛围也至关重要，教师要善于营造轻松、自然的氛围，使学生感受到被接纳和关爱，给学生表达的信心和勇气，这样学生才能表达真实的心声。

教师要营造自然轻松的氛围可以从以下方面着手。

第一，态度要轻松自然，不过分评价或干预学生的观点。这需要教师做到罗杰斯所说的“非指导性教学”，即真诚一致、接受以及理解、共情。教师必须在沟通中做到真诚；同时要信任学生，接受学生。罗杰斯提出要“无条件积极关注”，也就是让学生感受到被信任和接纳，这样学生才能用同样的真诚回应教师。教师还要对学生的想法和情感有移情性理解，这样才能营造轻松自然且真诚一致的沟通氛围。

第二，语言要有幽默感。教师要擅长用幽默的语言调节活跃气氛，提高学生沟通的积极性。应当注意，幽默的本质是善意的，在幽默的背后，教师的态度是接纳学生；幽默的语言是高雅的；幽默只是“调节剂”，而不是“主食”，教师的幽默要恰到好处，轻松自然。

第三，语言要委婉柔和。同样的道理，为什么有的教师说出来，学生就容易接受？其原因可能在于教师的说话方式委婉，学生在情感上容易接受。说话委婉，就是把话说得柔和一些，使用委婉的、商量的语气与学生沟通。例如，首先肯定学生可取之处，然后用询问的方式提出自己的观点和意见：“这样做是不是会更好一些？”

第四，刚柔并济。教师需要建立一定的威信，除了态度温和，也要有一定的威严。教师的庄重严肃能让学生产生崇敬之心，但一直严肃则会把学生拒之千里，因此在与学生相处时，教师要有亲和力，这样学生才愿意跟教师交流。

(四)沟通中的注意事项

第一，避免命令、威胁式语气。很多教师容易“命令学生”，尤其是在学生犯错误时。虽然短时间内可能会收获一定效果，但其反作用却隐藏其中，还会产生长远的不利影响。这种命令式语气使学生不仅对教师反感，而且觉得教师能力有限，只能用家长、教导主任来压迫或吓唬学生，即便学生表面上顺从教师的要求，但内心并不接受。教师应用智慧说服学生，跟学生把道理讲清楚。这样学生才能形成内在的约束机制，培养自律的品质。

第二，忌讽刺挖苦学生。这是教师与学生沟通中的大忌，严重伤害学生人格和自尊心。教师的讽刺挖苦会严重挫伤学生的自尊心。对于学生的错误，教师必须指出，但要注意方式和分寸，在保护学生自尊和人格的前提下，用适当的、易于接受的方式。

第三，慎重说教。说教如果使用不当，不仅无效，甚至招来反感。批评性的说教会让学生感到不被认可，会削弱学生的自尊心。

第四，避免泛泛而谈。教师与学生沟通要言之有物，教师必须注重语言表达的可领会性。在沟通中，语言是传递思想的工具，语言表达最重要的是能够让学生理解，有的教师是因为对学生了解不够，不能有针对性地对学生提出建议，只能用一些笼统的话来应付学生，不能解决实际的学习和生活问题。

【教师评测卡】

师生关系处理能力 评测卡								
评价项目	评价指标	分值					自评得分	他评得分
		10 总是如此	8 常常如此	6 偶尔	4 很少	2 从不		
师生关系处理	我能够运用民主的方式制订正式、公开、合理公平的规则，且能够和学生共同遵守规则							
	我不滥用教师的权力进行决策，而是充分考虑学生的情况及兴趣							
与学生沟通	我相信，学生有能力解决自己的问题，我要做的就是积极聆听							
	我能够接纳学生表达出的高兴、郁闷、痛苦等情绪，并"感同身受"							
	我对于学生与自己交流的内容能够保密，不公开谈论							
	我不采用命令、控制、指挥的方式与学生沟通							
	对于学生出现的问题，我不进行警告、威胁							
	我不采用说教(如总说"应该""必须")的方式与学生沟通							
	我不对学生进行负面评价							
	我不对学生进行主观判断与评价							

等级	优	良	中	及格	不及格
分数	90～100	80～89	70～79	60～69	60 以下
评语					

第二节 同事关系

一、与同事合作

合作在《辞海》中的解释是："社会互动的一种方式。指个人或群体之间为达到某一确定目标，彼此通过协调作用而形成的联合行动。参与者须具有共同的目标、相近的认识、协调的活动，一定的信用，才能使合作达到预期效果。"教师间的合作指在课程实施中，教师之间进行专业切磋、协调与交流，这是教师之间分享经验、彼此支持、共同成长的过程。

英国的卡文迪什实验室在1901年至1982年，先后共诞生了25位荣获诺贝尔奖的科学家，卡文迪什实验室的成就背后有一个秘诀，那就是这里的制度和风气倡导密切合作，产生积极的"共生效应"。

教育要想实现理想的效果，教师和教师、教师和学校领导以及管理人员之间的合作至关重要。

(一)教师之间为什么需要合作

教育需要团结协作。在当代，一位教师承担多门教学的情况已经成为过去。

教师合作不仅有助于激发教师的发展和进步的意愿，还有助于提升教师的反思能力。同时，教师合作利于教师个人知识的推广，形成学校组织文化。教师在合作中不仅要自己进步，更要与同事共同进步。教师必须与其他同事协调配合，共同努力完成某个任务，共同阅读与商讨、示范教学、计划教学、互相观课、彼此反馈；取长补短、检讨或完善自己的教学计划，互相增进教学成效，以提升教学质量。

(二)教师合作理论——团体动力学原理

20世纪30年代，美国心理学家库尔特·勒温(Kurt Lewin)提出"团体动力学说""心理场学说"等概念。勒温认为："任何一种行为都产生于各种相互依存事实的整体，而相互依存的事实具有一种动力场的特征。"① 团体动力学从整体的视角出发，研究分析团体与个体的行为，发现团体中的个体以及团体本身的行为规律，其核心观点可用一个公式表达：$B=f(P, E)=f(LS)$。B是英文behavior的缩写，表示行为；P是英文person的缩写，表示团体中的人，即行为主体；E是英文environment的缩写，表示环境；LS是英文life space的缩写，表示生活空间；f是英文function的缩写，表示个体与环境的函数。② 团体是具有动力的整体，团体中每个成员的心理和行为会随团体中的动力场的变化而变化，通过团体凝聚力、团体目标和团体氛围的相互作用最终推动个体的改变。由此，勒温得出结论，认为

① Lewin，K. *Resolving Social Conflicts*. New York：Harpper and Brother publishers，1948. p. 11.

② 参见Lewin，K. *Field Theory in Social Science*，New York：Harpper and Brother publishers，1951. pp. 239-240.

先改变团体从而影响个体，比直接改变个体的效果更好。① 在合作性群体中，个体具有较强的工作动机，能够相互激励，相互体谅，个体间的信息交流也比较畅通，合作性群体的工作效率明显高于非合作性群体。

团体动力学包括团体凝聚力、团体成员间的相互影响力、领导方式与团体生产力、团体目标与团体成员动机以及团体的结构性五个方面内容。② 团体间通过互助合作形成凝聚力，通过互相模仿交流产生交互影响力，通过领导者的引导和团队的共同目标促进团队作用的发挥，通过团体成员关系的完善使团体形成结构性和稳定性。③ 有学者认为，基于团体动力理论组织团体活动，有助于团体获得一致的力量，使个体在更安全、更被接纳的环境中得到倾听和帮助，得到团体资源和其他成员的支持，促使个体情绪和行为的调整与改善更加有效。④

(三)教师间合作的方式

美国学者李特尔认为合作场合主要有四种：第一，教学的日常交谈；第二，协同进行教学设计、教材开发和教育方法开发；第三，观察同事的教学；第四，同事间就新想法、实践方法等互相传授经验。⑤

具体来看，教师间的合作主要表现为以下形式。

(1)互动式交流合作：互动式交流合作可以分为以下三个部分：一是以学校活动计划为内容展开的“互动”，二是以学习为内容展开“互动”，三是以学校的教育课程为内容开展的“互动”。要注意教师的共同目标和共同心愿应该一致，在此基础上才能够进一步交流看法、沟通情况、讨论协商、集体备课、共享教学资源等。

(2)研究式合作：研究式合作就是有目的、有组织、有计划地针对某个问题或材料进行讨论与学习，展开合作性研究、听课评课等，开展研究式合作小组活动应注意以下几点。

①优势互补，异质分组。研究式合作的活动意义在于互相激励补充，形成合力，因此，小组成员的学科背景最好有交叉，具有各种各样的经历的小组成员能够碰撞出思想的火花，教师之间的头脑风暴能够产生更加开阔的视野。

②分工明确，职责清楚。每个人在小组活动中的分工和职责一定要清楚，必须调动全部教师的积极性。

③平等自愿，尊重倾听。在活动中要尊重他人，倾听不同意见，出于自愿和平等进行合作，让所有参与者得到尊重和满足，才能激发每个教师的潜力。

---

① 参见康林：《团体动力理论在心理健康教育课中的运用》，载《江苏教育》，2019(88)。

② 参见库尔特・勒温：《拓扑心理学》，竺培梁译，176～179页，杭州，浙江教育出版社，1997。

③ 参见卢丹、孙华峰：《团体动力学视域下高职院校学生资助工作的思考与实践》，载《中国职业技术教育》，2018(31)。

④ 参见康林：《团体动力理论在心理健康教育课中的运用》，载《江苏教育》，2019(88)。

⑤ 参见饶从满、张贵新：《教师合作：教师发展的一个重要路径》，载《教师教育研究》，2007(01)。

二、与同事交流的要素及方法

(一)和善是积极交流的基础

和善是交流最基本的要素，建立在和善基础上的交流才能够达到理想的目的。和善需要教师做到信任、尊重和坦诚。

全心全意地关注是和善的起点，关注要把握形体和精神两个方面。形体方面包括注视对方，身体正向对方，点头回应对方的讲话，且注意对方的表情(如对方微笑也回报微笑)；精神方面，要做到“君子和而不同”，大方接受他人不同的观点，求同存异。

(二)倾听是有效交流的秘诀

人际关系的成功不在于你说了什么，而在于你听到了什么，理解了什么。维系人际关系最有效的方法就是耐心倾听，理解他人，产生共情。倾听最重要的是“专注”，只有专注，才能给出适当的反馈，引导说话者有继续表达的愿望。教师要善于运用体态语言，必要时也要主动提问，积极回应，忌打断他人讲话。

(三)语言要真诚清晰

真诚的语言能够给人以亲切感，教师必须注意语言的表达方式：一方面，言辞恳切，把同事当朋友。教师之间是相互促进的，即便存在竞争关系，也应是良好的互相激励的竞争关系。教师应注意多用协商的、肯定的口吻和表达方式，例如：“您觉得这样行不行?”“我觉得这样有一定的道理。”注意礼仪，尊重对方人格。另一方面，注重语言表达的可领会性，同事之间的交流要“接地气”，不要故作高深。讲话时表达清晰，有利于听者的理解。

第三节　与家长沟通

教师与家长的沟通具有重要意义，学校和家庭是学生成长的两个重要场所，两个场域的有效沟通能够形成教育合力，有助于促进学生成长，改进学校教学。

教师与家长沟通主要有以下几种方式：一是家长会。家长会是综合反馈学生情况，让家长了解学校、班级、教师的良好契机，也是教师和家长可以共同商讨解决教育中遇到的困惑和难题的机会。二是家访。教师通过家访能够进一步了解学生的家庭环境，找到学生学习问题中的深层原因。家访要注意尊重学生家长，以肯定和鼓励为主，帮助家长和学生建立信心。三是电话或网络沟通，电话和网络沟通以其方便快捷而成为家校沟通的主要方式，教师应充分利用通信工具，与家长及时沟通学生情况。

关于与家长沟通的方法，这里提供一种简便易行的模式，不到一分钟就可以与家长进行有效沟通。

以下是一个教师与家长沟通的短信案例：

李先生，您好！

我由衷地为学生××感到骄傲。在今天(本周/本月/本学期)的课上，学生××达成了规定的学习目标，按时完成了所有的功课。在此，我非常高兴可以和您分享这个令人愉快的消息。

接下来，你可以按照下面的空白短信模板填写有关信息，快速制作一条完整的交流短信。

________，您好！

我为________感到骄傲。因为________________________________。我非常高兴可以和您分享这个令人愉快的消息。

以下提供了一些话术，你可以作为参考，当然，相信你会有更好的创造性表达。注意，不是为表达而表达，而是重在传递学生的真实情况。

- 在校表现良好
- 有明显进步
- 达成了规定的学习目标
- 学习积极主动
- 养成了良好的学习习惯
- 积极参加组织活动
- 乐于帮助同学
- 积极协助教师的工作
- 取得了很好的成绩
- 学习优异

良好的家校互动，不仅增进家长与教师的关系，而且增进学生与家长、学生与教师的关系，使得教育中的参与者形成良好的互动关系。

你可以想象，接收到这样一条信息的家长会有多么高兴。接收到鼓励和肯定的信息，会让家长为孩子感到骄傲，家长能够更积极地配合教师的工作。在这个氛围中，学生也感受到来自家庭和学校的信任，会逐渐建立信心。在这种家校沟通中，教师和家长建立起更加和谐积极的沟通机制，在信任的情境中共同促进学生成长。

第四节　教师与行业企业的关系

职业院校的教师同行业企业建立密切的交往关系，是培养“双师型”职业教育教师队伍的重要途径。教师与行业企业建立密切关系，需要学校建立教师与企业人员交流的平台和机制，例如，引进企业人员以兼职的方式进入职业院校任教交流；安排教师到企业一线挂职锻炼，顶岗实践；定期开展企业和职业学校座谈会，实现校企间更好的沟通合作；通过互相参观、交流、指导，促进职业教育与企业需求相适配，提升职业教育适应力。

职业教育教师应该非常熟悉校企合作，但是目前校企合作仍是表面上的、形式上的合作，原因在于，学校和企业之间没有达成一致的目标。合作的本意是更好地培养人，提升技能培训的水平，互相借鉴，优势互补。然而目前流于形式的“校企合作”占多数，教师作为校企合作的直接参与者，应当发挥好自己的作用，充分利用校企合作的平台，深入一线，了解一线，本着教书育人的目的同企业、行业进行沟通，以此改进教学水平，提升教学质量。

关于沟通的技巧万变不离其宗，重要的是根据不同的沟通对象做出适当调整。应当注意，教师与行业企业的沟通与上述师生间、同事间、教师与家长间的沟通不同，更像是理论专家和实践专家切磋。除了以上基本的沟通礼仪规范之外，教师还应注意以下几点：

第一，穿着得体。穿着得体是对他人的尊重，教师同企业交往，代表了学校形象。教师应衣着朴实、整洁、得体。教师着装要透露一种朴实的美，稳重的美，品位高尚、情趣高雅的美。第二，谦虚好问。教师除了外表自然得体，还要有谦逊的内在品质。谦逊是真正的虚怀若谷，抱着学习的心态，向行业企业学习。第三，互相借鉴，取长补短。教师和行业企业只有互相发挥各自优势，才能实现共同进步。教师要善于通过交流沟通，发现并借鉴行业企业好的培训经验，深入了解市场需求。同时，通过教师在企业挂职锻炼，为企业发展出谋划策，贡献学校教师方面的力量，共同促进，实现共赢。

【教师评测卡】

沟通合作能力　评测卡								
评价项目	评价指标	分值					自评得分	他评得分
		10 总是如此	8 常常如此	6 偶尔	4 很少	2 从不		
与家长沟通合作	我能够和学生家长通过某种方式(如微信、短信、邮件等)建立联系							
	我能够和学生家长沟通学生的基本情况							
与同事沟通合作	我能够和其他教师分享自己关于教学的看法							
	我进行了示范教学，并且能够倾听其他教师不同的观点							
	在新学期开始，我能够和其他教师一起制订教学计划							
	在与同事合作过程中，我能够明确任务目标、分工以及自己的责任							
	我能够参与集体备课，并与其他教师共享教学资源							

续表

沟通合作能力　评测卡								
评价项目	评价指标	分值					自评得分	他评得分
		10 总是如此	8 常常如此	6 偶尔	4 很少	2 从不		
与同事沟通合作	我经常听优秀教师的课，并与优秀教师交流有效教学经验							
	我与同事交流时言语清晰简洁，能够得到对方有效回应							
	我和同事交流过程中，能够注视对方，并回应对方的讲话							
与行业企业沟通合作	穿着得体							
	谦虚好问							
	互相借鉴经验							

等级	优	良	中	及格	不及格
分数	90～100	80～89	70～79	60～69	60 以下
评语					

第四章　职业指导

知识点总数	知识点完成数	评测卡总数	评测卡完成数	知识地图总数	知识地图完成数

知识地图

通过本章学习，职业院校教师应掌握以下内容：

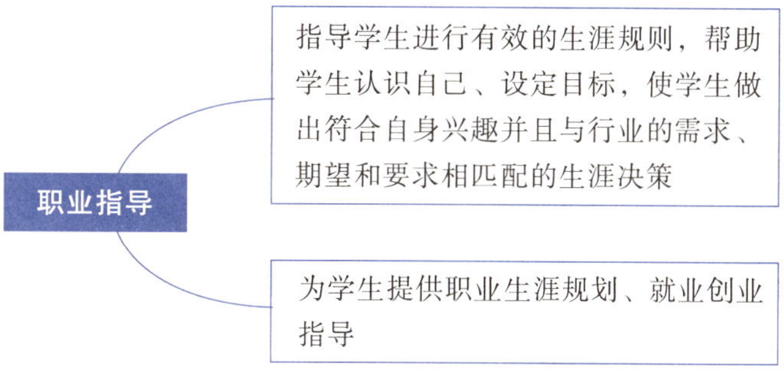

第一节　职业生涯指导

职业生涯指导是职业教育的重要内容，是职业学校的基础性工作，是帮助引导学生树立正确职业观、就业观和创业观的重要途径。新时代经济发展对职业教育质量和劳动者提出新的要求。大数据时代下大量的信息共享平台为学生了解社会提供了条件，因此，职业生涯规划教育的内容、方式都应当变革，要充分考虑时代变化，帮助学生适应未来社会。

2018 年，教育部关于印发《中等职业学校职业指导工作规定》的通知，指出“职业指导是职业教育的重要内容，是职业学校的基础性工作，是帮助引导学生树立正确职业观、就业观和创业观的重要途径”。同时指出职业指导的主要任务：“帮助学生认识自我，了解社会，了解专业和职业，增强职业意识，树立正确的职业观和职业理想，增强学生提高职业素养的自觉性，培育职业精神；引导学生选择职业、规划职业，提高求职择业过程中的抗挫折能力和职业转换的适应能力，更好地适应和融入社会。……通过面谈或小组辅导，开展有针对性的职业咨询辅导，满足学生的个性化需求。”

一、什么是职业生涯规划

职业生涯就是一个人一生中职业经历的过程。这个过程自职业学习开始到职业劳动最后结束。职业生涯可以划分为五个时期，即萌芽期、选择期、适应期、成熟期和结束期。职业生涯是一个发展的概念，是一个动态的过程。

职业生涯规划是指一个人对其将要从事的职业或正在从事的职业后期发展的预期和计划，原则上可以通过对社会和个人、家庭创造的价值估算有计划地实现目标。它是一个人在社会生活中不断进取、努力奋斗的基础，能最大限度体现自身贡献力。

职业生涯规划教育是指教师有目的、有计划、有组织地培养学生进行职业生涯规划的意识与技能，发展学生综合职业能力，促进学生职业生涯发展的活动，是以引导学生进行并落实职业生涯规划为中心的综合性教育活动。

教师对学生进行职业生涯规划指导具体包括：指导学生进行自我评价、指导学生确定职业发展目标、制订实现职业发展目标的行动计划等，帮助学生合理定位，树立科学的职业目标，正确选择职业。

- 认识你自己，明确自身特点、优势和强项
- 确立人生的方向
- 评估现状和已有成就
- 评估个人目标和现状的差距
- 重新认识自身的价值并使其增值
- 准确定位职业方向，发现新的职业机遇
- 将个人、事业与家庭联系起来

二、职业生涯规划教育的必要性和意义

1. 满足社会的需求

市场需求变化导致人才需求的易变性，要求人们不断提升自我的职业应变能力；产业结构呈现新面貌，第一产业的科技含量逐步提高，第二产业更新速度加快，第三产业“高新化”特征日益突出，这都要求从业人员不断更新和提升自己的知识、技能。

2. 促进学生成长和自我实现

职业生涯规划教育帮助学生找到正确的学习目标及方向，增强学习动力和积极性，合理安排学习生活。提高学生的综合素质和竞争力，实现个体与职业的匹配，提升自身的职业品质。

3. 有利于学校的发展

第一，提升了学校的知名度。提高了学生的就业成功率，最终促进学校整体就业率。第二，推进了学校教育教学的改革。在进行职业生涯规划的过程中结合市场的变化及时调整专业课程设置，对课程内容进行更新，促进教学的针对性和时效性。第三，促进了人才培养新理念的形成。职业生涯规划促进学校形成全面育人、全员育人、科学育人、服务育人的理念。

4. 是职业教育本质任务的要求

教育的本质属性即实现人的全面发展，职业教育应注重培养和提高学生的职业道德素质、职业发展能力、职业专业技能、职业纪律观念、职业规范要求；规划自我职业生涯目标、选择自我职业生涯发展道路、管理自我职业生涯发展过程等能力；终身学习、自我心理调适等能力以及正确的世界观、人生观、价值观等。

三、帮助学生进行职业生涯规划的方法

1. 帮助学生正确进行自我分析和职业分析

首先，教师要通过科学的方法和手段，帮助学生对自身的职业兴趣、气质、性格、能力等进行全面认识，厘清每个学生的优势与特长、劣势与不足，避免职业生涯规划中的盲目性。其次，引导学生

对现代职业进行分析。现代职业具有区域性、行业性、岗位性等特点，教师应深入了解当地行业现状和发展前景，如人才供给情况、平均工资状况、行业的非正式团体规范等，同时还要了解职业所需要的特殊能力。

2. 帮助学生明确职业目标，树立正确的职业理想

职业理想是一个人职业生涯规划的指南针，个人选择什么职业，为什么选择这种职业，通常以其职业理想作为出发点。在帮助学生认识自己，厘清自身的特点、优势和追求之后，教师应进一步引导学生明确个人理想和价值观，并指导学生把个人志向与国家利益和社会需要有机地结合起来。

3. 引导学生分解细化目标

目标是一个人完成工作的直接动机。通过实现一个个具体目标，最终才能实现长远理想。学生在职业生涯规划中，不能只有目标没有行动，教师要指导学生善于将长远的目标进行分解细化，根据时间划分为学年、学期、月、周、日，采用任务驱动的方法，从实现短期目标逐渐向长远目标靠拢。

4. 帮助学生进行评估和调整

教师要引导学生对变化的外部环境做好准备。坚持执行目标，但还要根据外部环境和自身情况进行灵活调整。学生一开始设定的目标往往是模糊抽象的，必须在实践中有意识地进行反思和调整，通过回顾过往经验，调整下一步的行动策略，及时纠正规划中的偏差。

四、职业测评工具①

在职业生涯规划指导中，教师可以运用以下几种常用的心理测评量表，如霍兰德职业兴趣测试、自我肯定量表、DISC 性格测试、生涯决策量表、职业兴趣量表、生涯发展调查表等。

(一)霍兰德职业兴趣测试

下面提供霍兰德职业兴趣测试的量表与使用说明，教师可以此量表作为参考，对学生进行科学的职业生涯规划指导。约翰·霍兰德(John Holland)是美国心理学家，他提出的兴趣—职业匹配理论对职业指导产生了深刻影响。霍兰德认为，职业选择是个人人格的延伸和表现，人格特质反映在职业上就是职业兴趣；大多数人的人格特质可以归纳为六种类型，即现实型、研究型、艺术型、社交型、企业型、常规型，虽然每个人都有独特的人格特点，但这六种人格类型可以对大多数人进行基本的分类。

表 4.1 霍兰德的六种人格类型

类型	缩写	描述
现实型	R	行动者 现实型人格的特点是偏好实际的、具体的、操作性的活动。这类人容易在一些要求具体操作的工作中找到满足感，通常是一些体力工作，如建筑、安装、修理或种植等工作。现实型人格的人可能最不擅长社交型的职业活动，也不喜欢传统的学术环境，以及进行抽象的、知识性的对话

① 参见钟思嘉：《生涯咨询实战手册》，北京，中国轻工业出版社，2010。

续表

类型	缩写	描述
研究型	I	科学家 研究型人格的特点是偏好理性思考和解决问题。这类人容易在解决问题或创造知识的事业和学术追求中获得满足感。研究型的人可能最不擅长企业型的职业活动
艺术型	A	创作者 艺术型人格的特点是具有创造性，喜欢自我表达。这类人喜欢营造玄妙的意境，通过写作、美术、音乐和表演等活动进行自我表达，从而获得职业满足。艺术型的人可能最不擅长常规型的职业活动
社交型	S	助人者 社交型人格的特征是对人际关系感兴趣。这类人容易在需要建立人际关系的职业中找到满足感，如以助人为目的的教学或辅导活动等。社交型人格的人可能不太适合现实型的职业
企业型	E	说服者 企业型人格的特点是利用人际交往技巧来说服他人。这类人容易在领导、管理和销售等具有影响力、经济收益大的职业中找到满足感。企业型人格的人可能最不擅长研究型行业
常规型	C	组织者 常规型人格的特点是喜欢使用系统的程序和组织。这类人容易在需要系统化的方法来管理和分析数据、信息的职业中获得满足感。常规型人格的人对艺术型人格的人所擅长的活动会感到困难

表 4.2　霍兰德职业兴趣测试题

序号	测试题	序号	测试题
1	强壮而敏捷的身体对我很重要。	16	我认为能把自己的焦虑和别人分担很重要。
2	我必须彻底地了解事情的真相。	17	我想成为群体中的关键任务执行者。
3	我的心情受音乐、色彩和美丽事物的影响极大。	18	我能重视工作中的所有细节。
4	和他人的关系丰富了我的生命并使它有意义。	19	我不在乎工作把手弄脏。
5	我自信会成功。	20	我认为教育是个发展脑力的终身学习过程。
6	我做事必须有清楚的指令。	21	我喜欢非正式的穿着，尝试新颜色和款式。
7	我擅长自己制作、修理东西。	22	我常能体会到某人想要和他人沟通的需要。
8	我可以花很长的时间去想通事情的道理。	23	我喜欢帮助别人不断改进。
9	我重视美丽的环境。	24	我在决策时，通常不愿冒险。
10	我愿意花时间帮别人解决个人危机。	25	我喜欢购买小零件，做成成品。
11	我喜欢竞争。	26	有时我长时间阅读、玩拼图游戏、冥想。
12	我在开始一个计划前会花很多时间去设计。	27	我有很强的想象力。
13	我喜欢使用双手做事。	28	我喜欢帮助别人发挥天赋和才能。
14	探索新构思使我满意。	29	我喜欢监督事情直至完工。
15	我寻求新方法来发挥我的创造力。	30	当我面对新情况，会在事前做充分的准备。

续表

序号	测试题	序号	测试题
31	我喜欢独立完成一项任务。	61	我希望粗重的肢体工作不会伤害任何人。
32	我喜欢可以引发好奇心的东西。	62	我希望能学习所有使我感兴趣的科目。
33	我喜欢尝试创新的概念。	63	我希望能做些与众不同的事。
34	如果我和别人有摩擦，我会尝试化干戈为玉帛。	64	我对别人的困难乐于伸出援手。
35	要成功就必须定高目标。	65	我愿意冒一点险以求进步。
36	我喜欢为重大决策负责。	66	当我遵循成规时，我感到安全。
37	我喜欢直言不讳，不喜欢转弯抹角。	67	我选车时，最先注意的是好的引擎。
38	我在解决问题前，必须彻底分析问题。	68	我喜欢能刺激我思考的话。
39	我喜欢重新布置我的环境，使其与众不同。	69	当我从事创造性的事时，我会忘掉旧经验。
40	我经常借着和别人交谈来解决自己的问题。	70	我感到社会上有许多人需要帮助。
41	我常想起草一个计划，而由别人完成细节。	71	说服别人依计划行事是件有趣的事情。
42	准时对我来说非常重要。	72	我擅长检查细节。
43	从事户外活动令我神清气爽。	73	我通常知道如何应付紧急事件。
44	我不断地问："为什么？"	74	阅读新发现的书是件令人兴奋的事情。
45	我希望有一份能够抒发情绪和感觉的工作。	75	我喜欢美丽、不平凡的东西。
46	我喜欢帮助别人。	76	我经常关心孤独、不友善的人。
47	能够参与重大决策是件令人兴奋的事情。	77	我喜欢讨价还价。
48	我经常保持清洁，喜欢有条不紊。	78	我花钱时小心翼翼。
49	我喜欢周边环境简单。	79	我用运动来保持强壮的身体。
50	我会不断地思索一个问题直到有答案为止。	80	我经常对大自然的奥秘感到好奇。
51	大自然的美深深地触动我的灵魂。	81	尝试不平凡的新事物是件相当有趣的事情。
52	亲密的人际关系对我很重要。	82	我擅长倾听。
53	升迁和进步对我极重要。	83	做事失败了，我会再接再厉。
54	当我把每日工作计划好时，会较有安全感。	84	我需要确切地知道别人对我的要求是什么。
55	我不害怕工作负荷，且知道工作的重点。	85	我喜欢把东西拆开，看看能否修理它们。
56	我喜欢能使我思考、给我新观念的书。	86	我喜欢研读所有事实，有逻辑地做出决定。
57	我希望能看到艺术表演、戏剧及好的电影。	87	没有美丽事物的生活，是不可思议的。
58	我对别人的情绪低潮相当的敏感。	88	人们经常告诉我他们的问题。
59	能影响别人使我感到兴奋。	89	我常能借着网络和别人取得联系。
60	当我答应一件事时，我会监督所有细节。	90	完成一件事是件有成就感的事情。

本问卷共90道题目，每道题目是一个陈述，请你根据自己的真实情况对这些陈述进行评价，如果符合实际情况就在相应的题目序号上画圈，注意不要漏答。

评分办法：下表中的数字代表上列兴趣测验中的题号

现实型	1	7	13	19	25	31	37	43	49	55	61	67	73	79	85
研究型	2	8	14	20	26	32	38	44	50	56	62	68	74	80	86
艺术型	3	9	15	21	27	33	39	45	51	57	63	69	75	81	87
社交型	4	10	16	22	28	34	40	46	52	58	64	70	76	82	88
企业型	5	11	17	23	29	35	41	47	53	59	65	71	77	83	89
常规型	6	12	18	24	30	36	42	48	54	60	66	72	78	84	90

请算出每种类型画圈的数目，并填在下面：

现实型_____　研究型_____　艺术型_____　社会型_____　企业型_____　常规型_____

第一位_____　第二位_____　第三位_____　第四位_____　第五位_____　第六位_____

各种类型的解释：

艺术型：喜欢艺术型的工作，如舞者、歌手、演员、艺术家、美术家、音乐家、设计师、编辑、作家和文艺评论家等。这种类型的人往往具有某些艺术上的技能，喜欢创造性的工作，富于想象力。这类人通常喜欢和不同观念打交道的工作。他们较开放、好想象、独立、有创造性。

传统型：喜欢秘书、办事员、办公室人员、接待员、文件档案管理员、打字员、会计、出纳等工作。这种人有很好的数字和计算能力，喜欢室内工作，乐于整理、安排事务。他们往往喜欢同文字、数字打交道的工作，比较务实、细心、做事利索、有条理性、有耐心。

企业型：喜欢诸如推销员、服务员、管理者、企事业领导、经理、商业主任、销售员等工作。这类人通常具有领导才能和口才，对金钱和权力感兴趣，喜欢影响、控制别人。这种人喜欢同人打交道的工作。他们爱交际、冒险，精力充沛、乐观、和蔼、细心、抱负心强。

研究型：喜欢各种研究型工作，如实验室研究员、医师、产品检验员、自然科学研究者、图书馆技师、程序员和电子技术工作者等。这类人通常具有较高的数学和科研能力，喜欢独立工作，喜欢解决问题。他们逻辑性强、好奇、聪明、仔细、独立。

现实型：喜欢现实型的实在的工作，如机械维修、木匠、烹饪、电气技术、管子工、电工、机械工、摄影师、制图员等，也称“体能取向”“机械取向”。这类人通常喜欢户外工作，乐于使用各种工具和机器设备。这种人喜欢同事务而不是人打交道的工作。他们真诚、谦逊、敏感、务实、朴素。

社会型：喜欢社会交往型工作，如教师、教育行政人员、社会学家、社会工作者、咨询顾问、护士等。这类人通常对别人的事很有兴趣，乐于帮助别人解决难题。这种人喜欢与人打交道的工作。他们助人为乐、有责任心、热情、善于合作、富于理想、友好、善良、慷慨、耐心。

(二)DISC 性格测试

DISC 个性测验是一种人格测验，它由 24 组描述个性特质的形容词构成，每组包含 4 个形容词，这些形容词是根据支配性(D)、影响性(I)、稳定性(S)、服从性(C)和 4 个测量维度以及一些干扰维度来选择的，要求被试从中选择一个最适合自己和最不适合自己的形容词。测验大约需要 10 分钟。

注意：请按第一印象最快地选择，如果不能确定，可回忆童年时的情况，或者以你最熟悉的人对你的评价来从中选择。

表 4.3　DISC 性格测试

序号	题目	选择
1	1. 喜欢冒险：愿意面对新事物并敢于下决心的人 2. 适应力强：轻松自如适应任何环境 3. 生动：充满活力，表情生动，多手势 4. 善于分析：喜欢研究各部分之间的逻辑和正确的关系	

续表

序号	题目	选择
2	1. 坚持不懈：要完成现有的事才能做新的事情 2. 喜好娱乐：充满乐趣与幽默感 3. 善于说服：用逻辑和事实而不用威严和权力服人 4. 平和：在冲突中不受干扰，保持平静	
3	1. 顺服：易接受他人的观点和喜好，不坚持己见 2. 自我牺牲：为他人利益愿意放弃个人意见 3. 善于社交：认为与人相处是好玩，而不是挑战或者商业机会 4. 意志坚定：决心以自己的方式做事	
4	1. 使人认同：因人格魅力或性格使人认同 2. 体贴：关心别人的感受与需要 3. 竞争性：把一切当作竞赛，总是有强烈的赢的欲望 4. 自控性：控制自己的情感，极少流露	
5	1. 使人振作：给他人振奋的刺激 2. 尊重他人：对人诚实尊重 3. 善于应变：对任何情况都能做出有效的反应 4. 含蓄：自我约束情绪	
6	1. 生机勃勃：充满生命力 2. 满足：容易接受任何情况与环境 3. 敏感：对周围的人事过分关心 4. 自立：独立性强，只依靠自己的能力、判断与才智	
7	1. 计划者：先做详尽的计划，严格按计划进行，不想改动 2. 耐性：不因延误而懊恼，冷静且能容忍 3. 积极：相信自己有转危为安的能力 4. 推动者：动用性格魅力或鼓励别人参与	
8	1. 肯定：自信，极少犹豫或者动摇 2. 无拘无束：不喜欢预先计划，或者被计划牵制 3. 羞涩：安静，不善于交谈 4. 有时间性：生活处事依靠时间表，不喜欢计划被人干扰	
9	1. 迁就：改变自己以与他人协调，短时间内按他人要求行事 2. 井井有条：有系统有条理安排事情的人 3. 坦率：毫无保留，坦率发言 4. 乐观：令他人和自己相信任何事情都会好转	
10	1. 强迫性：发号施令，强迫他人听从 2. 忠诚：一贯可靠，忠心不移，有时毫无根据地奉献 3. 有趣：风趣、幽默，把任何事物都能变成精彩的故事 4. 友善：不主动交谈，不爱争论	
11	1. 勇敢：敢于冒险，无所畏惧 2. 体贴：待人得体，有耐心 3. 注意细节：观察入微，做事情有条不紊 4. 可爱：开心，与他人相处充满乐趣	

续表

序号	题目	选择
12	1. 令人开心：充满活力并将快乐传于他人 2. 文化修养：特别爱好艺术，如戏剧、交响乐 3. 自信：确信自己的个人能力与成功 4. 贯彻始终：情绪平稳，做事情坚持不懈	
13	1. 理想主义：以自己完美的标准来设想衡量新事物 2. 独立：自给自足，独立自信，不需要他人帮忙 3. 无攻击性：不说或者做可能引起别人不满和反对的事情 4. 激励：鼓励别人参与、加入，把每件事情变得有趣	
14	1. 感情外露：从不掩饰情感、喜好，交谈时常身不由己接触他人 2. 深沉：深刻并常常内省，厌恶肤浅的交谈、消遣 3. 果断：有很快做出判断与结论的能力 4. 幽默：语气平和而幽默	
15	1. 调解者：经常居中调节不同的意见，以避免双方的冲突 2. 音乐性：爱好参与并有较深的鉴赏能力，因音乐的艺术性，而不是因为表演的乐趣 3. 发起人：高效率的推动者，是他人的领导者，闲不住 4. 喜交朋友：喜欢聚会，善交新朋友不把任何人当陌生人	
16	1. 考虑周到：善解人意，帮助别人，记住特别的日子 2. 执着：不达目的，誓不罢休 3. 多言：不断说话、讲笑话以娱乐他人，觉得应该避免沉默而带来的尴尬 4. 容忍：易接受别人的想法和看法，不需要反对或改变他人	
17	1. 聆听者：愿意听别人倾诉 2. 忠心：对自己的理想、朋友、工作都绝对忠实，有时甚至不需要理由 3. 领导者：天生的领导，不相信别人的能力比自己强 4. 活力充沛：充满活力，精力充沛	
18	1. 知足：满足自己拥有的，很少羡慕别人 2. 首领：要求领导地位及别人跟随自己 3. 制图者：用图表数字来组织生活，解决问题 4. 惹人喜爱：人们注意力的中心，令人喜欢	
19	1. 完美主义者：对自己、对别人都高标准，一切事物有秩序 2. 和气：易相处，易说话，易让人接近 3. 勤劳：不停地工作，完成任务，不愿意休息 4. 受欢迎：聚会时的灵魂人物，受欢迎的宾客	
20	1. 跳跃性：充满活力和生气勃勃 2. 无畏：大胆前进，不怕冒险 3. 规范性：时时坚持自己的举止合乎认同的道德规范 4. 平衡：稳定，走中间路线	
21	1. 乏味：死气沉沉，缺乏生气 2. 忸怩：躲避别人的注意力，在众人注意下不自然 3. 露骨：好表现，华而不实，声音大 4. 专横：喜命令支配，有时略显傲慢	

续表

序号	题目	选择
22	1. 散漫：生活任性无秩序 2. 无同情心：不易理解别人的问题和麻烦 3. 缺乏热情：不易兴奋，经常感到好事难做 4. 不宽恕：不易宽恕和忘记别人对自己的伤害，易嫉妒	
23	1. 保留：不愿意参与，尤其是当事情复杂时 2. 怨恨：把实际或者自己想象的别人的冒犯经常放在心中 3. 逆反：抗拒或者拒不接受别人的方法，固执己见 4. 唠叨：重复讲同一件事情或故事，忘记已经重复多次，总是不断找话题说话	
24	1. 挑剔：坚持琐事细节，总喜欢挑不足 2. 胆小：经常感到强烈的担心、焦虑、悲戚 3. 健忘：缺乏自我约束导致健忘，不愿意回忆无趣的事情 4. 率直：直言不讳，直接表达自己的看法	
25	1. 没耐性：难以忍受等待别人 2. 无安全感：感到担心且无自信心 3. 优柔寡断：很难做决定 4. 好插嘴：一个滔滔不绝的发言人，不是好听众，不注意别人说话	
26	1. 不受欢迎：由于强烈要求完美，而拒人千里 2. 不参与：不愿意加入，不参与，对别人生活不感兴趣 3. 难预测：时而兴奋，时而低落，总是不兑现诺言 4. 缺同情心：很难当众表达对弱者或者受难者的情感	
27	1. 固执：坚持照自己的意见行事，不听不同意见 2. 随兴：做事情没有一贯性，随意做事情 3. 难于取悦：因为要求太高而使别人很难取悦 4. 行动迟缓：迟迟才行动，不易参与或者行动总是慢半拍	
28	1. 平淡：平实淡漠，中间路线，无高低之分，很少表露情感 2. 悲观：尽管期待最好但往往首先看到事物不利之处 3. 自负：自我评价高，认为自己是最好的人选 4. 放任：许别人做他喜欢做的事情，为的是讨好别人，令别人鼓吹自己	
29	1. 易怒：善变，孩子性格，易激动，过后马上就忘了 2. 无目标：不喜欢目标，也无意订目标 3. 好争论：易与人争吵，不管对何事都觉得自己是对的 4. 孤芳自赏：容易感到被疏离，经常没有安全感或担心别人不喜欢和自己相处	
30	1. 天真：孩子般的单纯，不理解生命的真谛 2. 消极：往往看到事物的消极面阴暗面，而少有积极的态度 3. 鲁莽：充满自信有胆识但总是不恰当 4. 冷漠：漠不关心，得过且过	
31	1. 担忧：时时感到不确定、焦虑、心烦 2. 不善交际：总喜欢挑人毛病，不被人喜欢 3. 工作狂：为了回报或者说成就感，而不是为了完美，因而设立雄伟目标不断工作，耻于休息 4. 喜获认同：需要旁人认同赞赏	

续表

序号	题目	选择
32	1. 过分敏感：对事物过分反应，被人误解时感到被冒犯 2. 不圆滑老练：经常用冒犯或考虑不周的方式表达自己 3. 胆怯：遇到困难退缩 4. 喋喋不休：难以自控，滔滔不绝，不能倾听别人	
33	1. 腼腆：事事不确定，对所做的事情缺乏信心 2. 生活紊乱：缺乏安排生活的能力 3. 跋扈：冲动的控制事物和别人，指挥他人 4. 抑郁：常常情绪低落	
34	1. 缺乏毅力：反复无常，互相矛盾，情绪与行动不合逻辑 2. 内向：活在自己的世界里，思想和兴趣放在心里 3. 不容忍：不能忍受他人的观点、态度和做事的方式 4. 无异议：对很多事情漠不关心	
35	1. 杂乱无章：生活环境无秩序，经常找不到东西 2. 情绪化：情绪不易高涨，感到不被欣赏时很容易低落 3. 喃喃自语：低声说话，不在乎说不清楚 4. 喜操纵：精明处事，操纵事情，使对自己有利	
36	1. 缓慢：行动思想均比较慢 2. 顽固：决心依自己的意愿行事，不易被说服 3. 好表现：要吸引人，需要自己成为被人注意的中心 4. 有戒心：不易相信，对话语背后的真正的动机存在疑问	
37	1. 孤僻：需要大量的时间独处，避开人群 2. 统治欲：毫不犹豫地表示自己的正确或控制能力 3. 懒惰：总是先估量事情要耗费多少精力，能不做最好 4. 大嗓门：说话声和笑声总盖过他人	
38	1. 拖延：凡事起步慢，需要推动力 2. 多疑：凡事怀疑，不相信别人 3. 易怒：对行动慢或不能完成指定工作时易烦躁和发怒 4. 不专注：无法专心致志或者集中精力	
39	1. 报复性：记恨并惩罚冒犯自己的人 2. 烦躁：喜新厌旧，不喜欢长时间做相同的事情 3. 勉强：不愿意参与或者投入 4. 轻率：因没有耐心，不经思考，草率行动	
40	1. 妥协：为避免矛盾即使自己是对的也不惜放弃自己的立场 2. 好批评：不断地衡量和下判断，经常考虑提出反对意见 3. 狡猾：精明，总是有办法达到目的 4. 善变：像孩子般注意力短暂，需要各种变化，怕无聊	

答案统计：

序号	D	I	S	C
题 1	1	3	2	4
题 2	3	2	4	1
题 3	4	3	1	2
题 4	3	1	4	2
题 5	3	1	4	2
题 6	4	1	2	3
题 7	3	4	2	1
题 8	1	2	3	4
题 9	4	3	1	2
题 10	1	3	4	2
题 11	1	4	2	3
题 12	3	1	4	2
题 13	2	4	3	1
题 14	3	1	4	2
题 15	3	4	1	2
题 16	2	3	4	1
题 17	3	4	1	2
题 18	2	4	1	3
题 19	3	4	2	1
题 20	2	1	4	3
题 21	4	3	1	2
题 22	2	1	3	4
题 23	3	4	1	2
题 24	4	3	2	1
题 25	1	4	2	3
题 26	4	3	2	1
题 27	1	2	4	3
题 28	3	4	1	2
题 29	3	1	2	4
题 30	3	1	4	2
题 31	3	4	1	2
题 32	2	4	3	1
题 33	3	2	1	4

续表

序号	D	I	S	C
题 34	3	1	4	2
题 35	4	1	3	2
题 36	2	3	1	4
题 37	2	4	3	1
题 38	3	4	1	2
题 39	4	2	3	1
题 40	3	4	1	2

计算你的各项得分

选择 D：____个；选择 I：____个；选择 S：____个；选择 C：____个

超过 10 分称为显性因子，可以作为性格测评的判断依据。低于 10 分称为隐性因子，对性格测评没有实际指导意义，可以忽略。如果有两项及以上得分超过 10，说明你同时具备那两项特征。

Dominance：支配型/控制者

高 D 型特质的人可以称为“天生的领袖”。

在情感方面，D 型人是坚定果敢的人，喜好变化、喜欢控制、干劲十足、独立自主、超级自信。可是，由于不会顾及别人的感受，所以显得粗鲁、霸道、没有耐心、穷追不舍、不会放松。D 型人不习惯与别人进行感情上的交流，不会恭维人，不喜欢眼泪，匮乏同情心。

在工作方面，D 型人是务实和讲究效率的人，目标明确，眼光全面，组织力强，行动迅速，解决问题不过夜，果敢坚持到底，在反对声中成长。但是，因为过于强调结果，D 型人往往容易忽视细节，处理问题不够细致。爱管人、喜欢支使他人的特点使得 D 型人能够带动团队进步，但也容易激起同事的反感。

在人际关系方面，D 型人喜欢为别人做主，虽然这样能够帮助别人做出选择，但也容易让人有强迫感。由于关注自己的目标，D 型人在乎的是别人的可利用价值。喜欢控制别人，不会说对不起。

描述性词语：积极进取、争强好胜、强势、爱追根究底、直截了当、主动的开拓者、坚持意见、自信、直率。

Influence：活泼型/社交者

高 I 型的人通常是积极的团队活动组织者。

在情感方面，I 型人是情感丰富而外露的人，由于性格活跃、爱说、爱讲故事、幽默，能抓住听众，I 型人常常是聚会的中心人物，是一个天才的演员，天真无邪，热情诚挚，喜欢送礼和接受礼物，看重人缘。情绪化的特点使得 I 型人容易兴奋，喜欢吹牛、说大话、天真、永远长不大、富有喜剧色彩。但是，I 型人似乎也很容易生气、爱抱怨、大嗓门、不成熟。

在工作方面，I 型人是一个热情的推动者，总有新主意，说干就干，能够鼓励和带领他人一起积极投入工作。可是，I 型人似乎总是情绪决定一切，想哪儿说哪儿，而且说得多干得少，遇到困难容易失去信心，做事杂乱无章不彻底、爱走神、爱找借口。喜欢轻松友好的环境，非常害怕被拒绝。

在人际关系方面，I型人容易交上朋友，朋友也多。关爱朋友，也被朋友称赞。爱当主角，喜欢控制谈话内容。可是，喜欢即兴表演的特点使得I型人常常不能仔细理解别人，而且健忘多变。

描述性词语：有影响力、有说服力、友好、善于言辞、健谈、乐观积极、善于交际。

Steadiness：稳定型/支持者

高S型的人通常较为平和，知足常乐，不愿意主动前进。

在情感方面，S型人是温和主义者，悠闲、平和、有耐心、感情内敛、待人和蔼、乐于倾听、遇事冷静、随遇而安。S型人缺乏热情，不愿改变。

在工作方面，S型人能够按部就班地管理事务，胜任工作并能够持之以恒。奉行中庸之道、平和可亲，一方面习惯于避免冲突，另一方面也能处变不惊。但是，S型人似乎总是慢吞吞的，很难被鼓动。由于害怕承担风险和责任，宁愿站在一边旁观。很多时候，S型人总是有话不说，或折中处理。

在人际关系方面，S型人是一个容易相处的人，喜欢观察人、琢磨人，乐于倾听，愿意支持他人。可是，S型人也可能显得漠不关心，或者嘲讽别人。

描述性词语：可靠、深思熟虑、亲切友好、有毅力、坚持不懈、善倾听者、全面周到、自制力强。

Compliance：完美型/服从者

高C型的人通常是喜欢追求完美的专业型人才。

在情感方面，C型人是性格深沉的人，严肃认真、目的性强、善于分析，愿意思考人生与工作的意义，喜欢美丽的事物，对他人敏感，理想主义。但是，C型人习惯于记住负面的东西，容易情绪低落，过分自我反省，自我贬低，离群索居。

在工作方面，C型人是一个完美主义者，高标准、计划性强、注重细节、讲究条理、整洁，能够发现问题并找出解决问题的办法，喜欢图表和清单，坚持己见、善始善终。但是，C型人也很可能是一个优柔寡断的人，习惯于收集信息资料和做分析，却很难投入实际的工作中。容易自我否定，因此需要别人的认同。同时，也习惯于挑剔别人，不能忍受别人的工作做不好。

在人际关系方面，C型人一方面在寻找理想伙伴，另一方面却交友谨慎。C型人能够深切地关怀他人，善于倾听抱怨，帮助别人解决困难。但是，C型人似乎有一种不安全感，以至于感情内向，怀疑别人，喜欢批评人，却不喜欢别人的反对。

描述性词语：遵从、仔细、有条不紊、严谨、准确、完美主义者、逻辑性强。

(三)自我肯定量表

一个人的成功，离不开自信的自我肯定。

自我肯定者有以下四大特点：

第一，能坚持而自信地表达自己的需求与看法。

第二，能委婉有效地拒绝别人的需求。

第三，能坚持肯定自己的权利。

第四，能主动积极地关心自己。

下面根据自我肯定量表，指导学生简单测试一下自我肯定程度。

回答下列问题，并根据计分规划在每个问题后写上具体分数，最后把分数相加作为分值来衡量学生的自信值。

表 4.4　自我肯定量表

题目	分值				
	5 经常是	4 大多是	3 偶尔	2 很少	1 从不
1. 当一个人对你非常不公平时，你是否让他知道					
2. 你是否容易做决定					
3. 当别人占了你的领地，你是否会直接告诉他					
4. 你是否对你的判断有信心					
5. 你是否能控制自己的脾气					
6. 在讨论或辩论中，你是否觉得很容易发表意见					
7. 你是否能表达你的感受					
8. 当有人影响你学习时，你是否能够不受影响					
9. 当你和别人说话时，你是否会注视对方的眼睛					
10. 你是否易于开口赞扬别人					
11. 当推销员向你推销你不需要或不想要的东西时，你是否会直接拒绝他					
12. 当你有充分的理由要退货时，你是否会很坚决					
13. 在社交场合，你是否觉得保持交谈没有困难					
14. 你是否觉得别人的言行很少表示不欢迎你					
15. 如果有朋友提出无理要求，你是否会迟疑不决					
16. 如果有人恭维你，你知道说些什么吗					
17. 当你和异性谈话时，你能够做到不紧张					
18. 当你生气时是否不会过分地责骂对方					

填表计分规则：

- 在每个选项后填入相应的数字。

1 代表从来没有；2 代表很少；3 代表偶尔；4 代表大多是；5 代表经常是。

- 所填的数字就是该项的得分。
- 每项分值相加就是你的总分。

得分结果对照：

得分在 77 分以上：非常能自我肯定，经常能适时、适当地表露自己的意见与感受。

得分在 52～76 分：大多数时候能表露自己的意见与感受，但偶尔做不到。

得分在 27～51 分：偶尔能自我肯定，但大多数时候不能表达自己的意见与感受。

得分在 26 分以下：非常不能自我肯定，经常不能表露自己的意见与感受。

教师指导学生的职业生涯规划，可以说法无常法、势无定势。教师可以通过测评的方式引导学生进行自我分析和探索，也可以在平时的课堂授课中帮助学生树立正确的就业观，强化学生正确的职业观念。

第二节 就业与创业

一、注重就业和创业指导内容的科学性、全面性

教师要善于借鉴发达国家就业指导经验，对学生进行全面科学的就业和创业指导。美国大学的就业指导内容主要涉及职业的性质、发展前途、经济收入、就业的难易程度、学生职业兴趣的测定与调查、择业准则和技巧等。德国大学的职业生涯规划教育内容全面，教师会细致指导学生申请职位的具体步骤，还会讲授与职业生涯规划相关的法律知识。让学生懂法、守法，学会用法律维护自己的正当权益。日本大学的职业生涯课程设置包括 4 项内容：如何充实地度过大学生活、产业社会现状、职业生涯规划以及求职技巧。还有学者提出职业规划的 5 个维度，即人际关系、职业探索、自我认知、职业行动及目标计划。

二、帮助学生形成良好的职业素养

首先，帮助学生树立正确的求职心态。教师要优化和丰富就业和创业的教学内容，帮助学生全面科学、正确客观地认识自身就业能力，端正就业观念。鼓励学生树立自信、独立自主，同时能够持平常心、做不凡人。

其次，培养学生的积极心态。保持正面积极的心态和思维，才会收获成功的人生，在求职和就业中，要具备积极顽强的心态，乐观豁达、愈挫愈勇，锻炼良好的抗压能力。

最后，培养学生收集信息的能力。收集信息的能力是成功路上不可或缺的要素。教师要引导学生关注政策类信息、就业形势信息、需求类信息，把握招聘的基本情况、需求岗位工作情况、招聘条件、招聘数量、报名办法、工资待遇等。除此之外，教师还要训练学生学会就业信息的甄别能力，防止上当受骗，学会维护个人权益。

三、就业和创业指导的形式应多元化

就业和创业的指导方式不限于课堂讲授。发达国家不仅有专门的职业生涯规划课程，还有多种形式的实践活动，包括讲座、报告、咨询服务、实习活动、工厂参观、模拟实验和心理测试等。发达国家还善于利用校内外资源，开展多方合作。如日本除了就业机构安排的各种讲座、培训活动外，还有丰富的学生互助组织。加拿大大学会利用与企业、历届毕业校友之间的人脉，组织专门的就业早餐会、午餐会，给毕业生提供与潜在用人单位的交流和相互了解的机会。美国一些学校与企业建立了长期良好的合作关系，重视校友联系工作，许多大学都设有“校友俱乐部”，纽约州立大学的服务中心和 2000

多个就业机构合作，为在校生提供兼职工作、志愿者工作和实习的机会。发达国家的职业生涯教育注重个性化，尊重学生的个体差异。各高校根据学生的个性特点、兴趣爱好和特长，分析社会职业的性质，引导学生正确对自己进行评价，确立职业目标。如澳大利亚为便于学生了解就业单位的实际情况，设立职业指导中心，接受个人和小组咨询。

【教师评测卡】

职业生涯指导能力　评测卡						
评价项目		评价指标	分值			
			5 完全符合	4 较符合	3 较不符合	2 不符合
职业生涯规划指导	1	我理解职业生涯规划对学生的重要意义				
	2	我能够帮助学生进行职业生涯探索				
	3	我能够引导学生按照职业定位去获取职业相关的知识和技能				
	4	我能够通过客观的技术手段帮助学生对自己进行分析				
	5	我掌握帮助学生了解自己性格特征的测评方法				
	6	我掌握帮助学生进行职业探索的测评方法				
	7	我具备帮助学生了解自己的职业倾向的能力				
	8	我能够帮助学生判断职业目标的可实施性				
	9	我能够帮助学生做出使他们的兴趣和天资与行业的需求、期望和要求相匹配的生涯决策				
	10	我能够为学生提供必要的职业生涯规划				
就业创业指导	11	在课堂中，我有意识地培养学生进行创造性思考				
	12	我具有培养学生创新拓展思维的能力				
	13	我了解所教学科的基本商业模式				
	14	我有对所教学科对口的行业进行观察分析				
	15	我能够引导学生发现创新创业机会				
就业创业指导	16	我能够引导学生获取行业相关的创业资源				
	17	我了解企业建立与运营的法律风险				
	18	我能够为学生提供就业创业指导				
	19	我能够帮助学生树立正确的就业观				
	20	我的课程设计中，更多地融入了以就业为导向的学习内容				

等级	优秀	良好	中等	及格	不及格
分数	90～100	80～89	70～79	60～69	60 以下

第五章　培养方案

知识点总数	知识点完成数	评测卡总数	评测卡完成数	知识地图总数	知识地图完成数

知识地图

通过本章学习，职业院校教师应掌握以下内容：

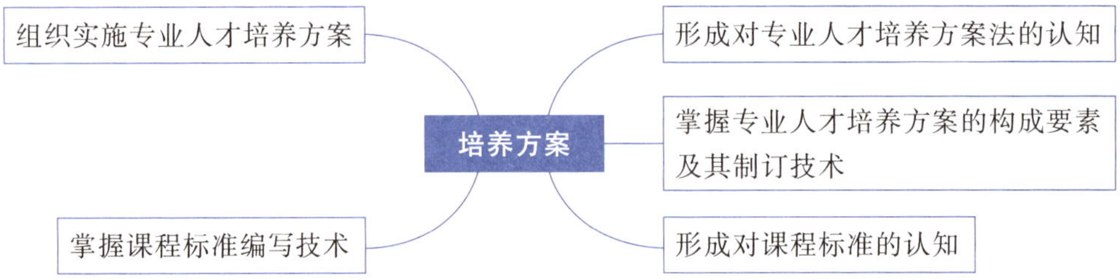

第一节　人才培养方案

一、认知人才培养方案

(一)什么是人才培养方案

1. 概念

专业人才培养方案是职业院校落实党和国家关于技术技能人才培养总体要求，组织开展教学活动、安排教学任务的规范性文件，是实施专业人才培养和开展质量评价的基本依据。党的十八大以来，职业教育教学改革不断深化，具有中国特色的国家教学标准体系框架不断完善，职业院校积极对接国家教学标准，优化专业人才培养方案，创新人才培养模式，办学水平和培养质量不断提高。但在实际工作中还一定程度存在着专业人才培养方案概念不够清晰、制订程序不够规范、内容更新不够及时、监督机制不够健全等问题。

2. 人才培养方案与教学标准

教育教学标准是规范和指导教育实践活动的基本准则，也是衡量教育质量的评价依据。国家专业教学标准以国家专业目录中的大类专业为基本类别，其内容主要包括职业岗位定位、工作任务与职业能力分析、课程内容开发及课程模块库等。而职业院校则依据国家、省级专业教学标准制订人才培养方案。职业院校专业人才培养方案是规范专业建设和人才培养过程的指导性文件，它规定了专业人才培养目标、培养规格、课程设置、教学实施、质量评价、毕业要求等，是职业院校设置专业、构建课程体系、组织实施教学、规范教学管理、开发选用教材和学习资源的基本依据，是评价教育教学质量的主要标尺，也是社会用人单位选用毕业生的重要参考。

专业人才培养方案是职业院校落实党和国家关于技术技能人才培养总体要求，组织开展教学、实施人才培养和开展质量评价的基本依据，是国家专业教学标准在学校的主要落脚点。① 国家专业教学

---

① 参见马成荣：《职业教育教学标准的内涵释要与实施路径》，载《中国职业技术教育》，2019(7)。

标准是职业院校制订专业人才培养方案的依据，人才培养方案是职业院校落实专业教学标准的具体体现。专业教学标准是国家对专业人才培养的基准要求，院校可以根据本地产业的具体需求和院校的优势，在制订专业人才培养方案时提高要求和体现特色，但不能低于专业教学标准的基本要求，见表 5.1。

表 5.1　专业教学标准与人才培养方案比对

文件类型	制订主体	文件层级	适用范围	实施要求
专业教学标准	教育部	全国标准	全国	基准达标
人才培养方案	院校	院校标准	院校	高于标准

(二)人才培养方案构成要素及要求

专业人才培养方案应当体现专业教学标准规定的各要素和人才培养的主要环节要求，包括专业名称及代码、入学要求、修业年限、职业面向、培养目标与培养规格、课程设置、学时安排、教学进程总体安排、实施保障、毕业要求等内容，附教学进程安排表等。学校可根据区域经济社会发展需求、办学特色和专业实际制订专业人才培养方案，但须满足以下基本要求。

1. 确定培养目标

依据国家有关规定、公共基础课程标准和专业教学标准，结合学校办学层次和办学定位，科学合理确定专业培养目标，明确学生的知识、能力和素养要求，保证培养规格。要注重学用相长、知行合一，着力培养学生的创新精神和实践能力，增强学生的职业适应能力和可持续发展能力。

坚持把立德树人作为根本任务，不断加强学校思想政治工作，持续深化“三全育人”综合改革，把立德树人融入思想道德教育、文化知识教育、技术技能培养、社会实践教育各环节，推动思想政治工作体系贯穿教学体系、教材体系、管理体系，切实提升思想政治工作质量。

2. 科学设置课程

课程设置分为公共基础课程和专业(技能)课程两类。

(1)严格按照国家有关规定开齐开足公共基础课程。高等职业学校应当将思想政治理论课、体育、军事课、心理健康教育等列为公共基础必修课程，并将马克思主义理论类课程、党史国史、中华优秀传统文化、职业发展与就业指导、创新创业教育、信息技术、语文、数学、外语、健康教育、美育课程、职业素养等列为必修课或限定选修课。

高等职业学校按规定统一使用马克思主义理论研究和建设工程思政课、专业课教材。结合实习实训强化劳动教育，明确劳动教育时间，弘扬劳动精神、劳模精神，教育引导学生崇尚劳动、尊重劳动。推动中华优秀传统文化融入教育教学，加强革命文化和社会主义先进文化教育。深化体育、美育教学改革，促进学生身心健康，提高学生审美和人文素养。

根据有关文件规定开设关于国家安全教育、节能减排、绿色环保、金融知识、社会责任、人口资源、海洋科学、管理等人文素养、科学素养方面的选修课程、拓展课程或专题讲座(活动)，将有关知识融入专业教学和社会实践中。学校还应当组织开展劳动实践、创新创业实践、志愿服务及其他社会公益活动。

(2)科学设置专业(技能)课程。专业(技能)课程设置要与培养目标相适应，课程内容要紧密联系生产劳动实际和社会实践，突出应用性和实践性，注重学生职业能力和职业精神的培养。一般按照相应职业岗位(群)的能力要求，确定6～8门专业核心课程和若干门专业课程。

3. 合理安排学时

三年制高职每学年安排40周教学活动。三年制高职总学时数不低于2500，鼓励学生自主学习，公共基础课程学时应当不少于总学时的1/4。高职选修课教学时数占总学时的比例均应当不少于10%。一般以16～18学时计为1个学分。鼓励学生取得的行业企业认可度高的有关职业技能等级证书或已掌握的有关技术技能，按一定规则折算为学历教育相应学分。

4. 突出实践教学

加强实践性教学，实践性教学学时原则上占总学时数的50%以上。要积极推行认知实习、跟岗实习、顶岗实习等多种实习方式，强化以育人为目标的实习实训考核评价。学生顶岗实习时间一般为6个月，可根据专业实际，集中或分阶段安排。推动职业院校建好用好各类实训基地，强化学生实习实训。统筹推进文化育人、实践育人、活动育人，广泛开展各类社会实践活动。

5. 规范毕业要求

根据国家有关规定、专业培养目标和培养规格，结合学校办学实际，进一步细化、明确学生毕业要求。严把毕业出口关，确保学生毕业时完成规定的学时学分和教学环节，结合专业实际组织毕业考试(考核)，保证毕业要求的达成度，坚决杜绝“清考”行为。

6. 促进书证融通

鼓励学校积极参与实施“1+X”证书制度试点，将职业技能等级标准有关内容及要求有机融入专业课程教学，优化专业人才培养方案。同步参与职业教育国家“学分银行”试点，探索建立有关工作机制，对学历证书和职业技能等级证书所体现的学习成果进行登记和存储，计入个人学习账号，尝试学习成果的认定、积累与转换。

二、制订人才培养方案

(一)制订程序

1. 整体规划

学校应当依据国家、省市对人才培养方案的指导意见，统筹规划制订专业人才培养方案的具体工作方案。成立由行业企业专家、教科研专家、一线骨干教师和学生(含毕业生)代表组成的项目建设工作组，共同做好专业人才培养方案制订工作。发挥典型企业的主体作用，学校引导企业深入参与人才培养方案的制订，推动人才培养对接最新技术要求、工艺流程、岗位规范，有机融入“1+X”证书等技能证书考核内容，构建复合型技术技能人才培养模式，提升学生职业技能水平，拓展学生就业创业能力。

2. 调研分析

项目组需开展行业企业调研、毕业生跟踪调研和在校生学情调研，分析产业发展趋势和行业企业人才需求，遵循职业教育、技术技能人才成长和学生身心发展规律，立足职业学校实际，结合学生现状，提出课程、教学模式等初步设置建议，明确本专业面向的职业岗位(群)所需要的知识、能力、素质，形成专业人才培养调研报告。

3. 制订与审核

以职业院校专业目录为基础，有效对接职业标准，兼容公共基础课程标准，参考专业(类)顶岗实习标准、专业实训教学条件建设标准(专业仪器设备装备规范)、教师专业标准等相关内容。准确定位专业人才培养目标与培养规格，合理构建课程体系、安排教学进程，明确教学内容、教学方法、教学资源、教学条件保障等要求。学校组织由行业企业、教研机构、校内外一线教师和学生代表等参加的论证会，对专业人才培养方案进行论证后，提交校级党组织会议审核。

4. 公开与实施

结合职业院校办学现状，明确人才培养目标与培养规格，构建专业课程体系，科学合理研制方案。审核通过的专业人才培养方案，学校按程序发布执行，报上级教育行政部门备案，通过学校网站等向社会公开，接受全社会监督。学校应建立健全专业人才培养方案实施情况的评价、反馈与改进机制，根据经济社会发展需求、技术发展趋势和教育教学改革实际，及时优化调整。(见图 5.1)

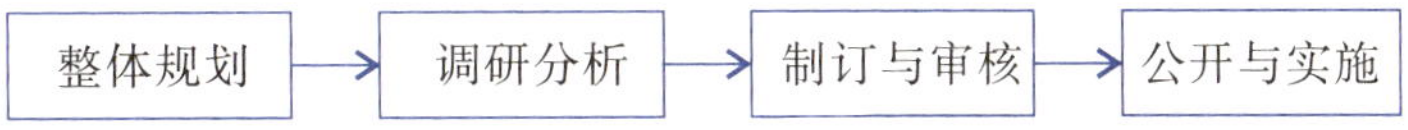

图 5.1　人才培养方案制订流程

(二)人才培养情况调研

人才培养情况的调研主要包括人才需求调研、学校调研。

1. 人才需求调研

主要调查专业的需求和供给情况，包括行业发展、岗位变化、人才需求、能力素质要求、资格证书要求等。调研行业、企业在技术进步(工艺、设备、材料等)、运营方式变革(如商业模式、业态)、劳动组织优化(流水线、工作小组等)、管理模式创新等方面出现了哪些新变化，对相关职业岗位(群)的工作职责提出了哪些新要求，以及对学校专业教学的要求与建议，为确定人才培养目标与规格提供依据。同时，还需调研职业院校专业设置、目标规格、规模结构、教师配备、课程开设、教学实施、质量评价等方面情况。通过供需综合分析，明确专业的就业领域、目标岗位群，以及知识、能力、素质要求等相关内容。

2. 学校调研

主要了解专业目前在全国范围职业学校实际开设情况，包括人才培养方案制订和实施情况、课程建设和教学实施情况、学生就业与升学状况等。具体调研的内容：一是专业(或专业方向)人才培养方案制订和实施情况(专业定位、课程体系、教学设计、实习实训、评价考核等内容)，将教师、教材、教法等三教改革内容融入调研中；二是招生与生源状况、就业与升学情况；三是毕业生就业质量和职业发展情况；四是院校对专业设置、课程设置、教学条件、教学实施、实习实训等专业建设与效果的意见和建议。

(三)人才需求分析

依托行业企业调研，利用数据分析技术，召开实践专家研讨会，运用国内外主要的工作任务与职业能力分析法，针对专业目标岗位(群)和职业发展路径，确定岗位(群)的主要工作领域。分析典型工作任务，对接国家最新职业标准，明确职业能力素质要求，形成工作任务与职业能力分析表。

工作任务与职业能力分析法是国际常用职业岗位与职业能力分析方法，该方法具体又有北美的岗位分析法、德国的典型职业工作任务分析法、澳洲培训包技术领域法(Training Package)等类型区分。国内的典型方法又有工作过程系统化分析法和职业能力分析法等。图 5.2 是工作任务与职业能力分析法。

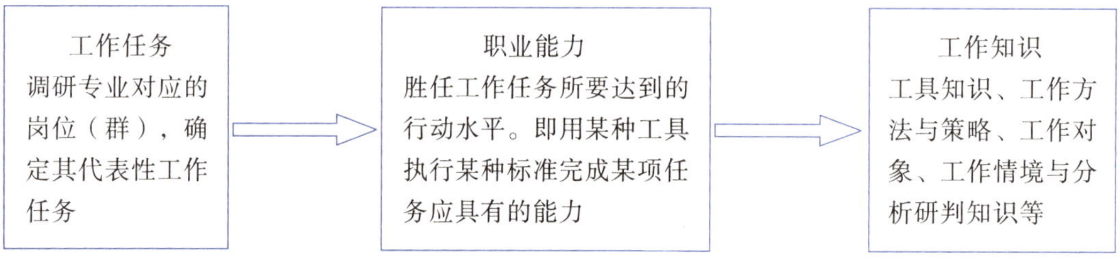

图 5.2　工作任务与职业能力分析法

(四)调研报告

基于供需调研情况，进行综合分析，按照如下框架(二级标题可根据实际调研情况调整和选择)，形成调研报告，表 5.2 为调研报告文本建议。

表 5.2　调研报告文本建议

职业院校×××专业教学标准人才需求调研报告

一、×××行业情况概述

(一)行业发展

(二)行业用人

(三)其他说明

二、专业对应工作岗位人才需求

(一)×××专业对应岗位的新动态

(二)×××专业对应职业岗位人才需求状况

(三)典型工作任务分析

1. 基本分析过程说明

2. 典型工作任务与职业能力分析结果

形成工作任务与职业能力分析表(表 5.3)

(四)其他(自拟)

三、职业院校×××专业设置情况

(一)全国×××专业开设情况

(二)全国×××专业人才培养情况

(三)全国×××专业招生和就业情况

(四)其他(自拟)

续表

四、人才培养的建议 （一）专业定位 （二）课程体系设计 1. 课程体系设计思路 2. 课程体系构建 依据工作任务与职业能力分析表，选择合适的课程体系转换方法，编制课程设置与职业能力对应表(表 5.4)。 （三）教学条件 （四）教学实施与评价 （五）其他（自拟）

表 5.3　×××专业工作任务与职业能力分析表

岗位	工作任务	职业能力
1	1.1	1.1.1
		1.1.2
		……
	1.2	1.2.1
		……
	……	……
2	2.1	2.1.1
……	……	……

表 5.4　×××专业课程设置与职业能力对应表

课程类别	课程名称	对应工作任务（写编号）	对应职业能力（写编号）
专业核心课	课程 1	1.1 ……	1.1.1 ……
	课程 2	2.1 ……	2.1.1 ……
专业方向课	课程		

（五）制订人才培养方案的技术规范

依据专业需求调研及情况分析，完成年人才培养方案制订，具体包括专业名称及代码、入学要求、修业年限、职业面向、培养目标与培养规格、课程设置、学时安排、教学进程总体安排、实施保障、毕业要求等要素。其中，专业名称及代码、入学要求、修业年限按专业目录等文件要求确定即可，这里重点介绍其他要素。

1. 职业面向

包括本专业所属专业大类、专业类，以及本专业所对应的行业、主要职业类别、主要岗位类别或技术领域、职业技能等级证书等。这一要素主要依据国家职业教育专业目录、《国民经济行业分类》对行业的分类、《中华人民共和国职业分类大典》中的主要职业分类，经过广泛调研取得。

2. 培养目标与培养规格

这是对专业人才培养的具体要求。

培养目标。这个要素是界定专业人才培养的具体目标，是对毕业生毕业后3年左右能够达到的职业和专业成就的总体描述。必须明确坚持立德树人，必须与国家教育方针保持一致，必须明确专业面向的就业领域、目标岗位(群)和素质、知识、能力要求。

培养规格。包括素质、知识、能力三个要素。在素质方面要求：坚定拥护中国共产党领导和我国社会主义制度；崇尚宪法、遵法守纪、崇德向善、诚实守信、尊重生命、热爱劳动。根据各专业人才需求调研具体描述知识和能力方面。一般来讲，将素质放在三个要素之首，这样能充分体现职业教育改革的时代新要求。

3. 课程设置及要求

课程设置及要求要支撑人才培养目标与规格的实现。要根据专业人才培养目标与培养规格，设置和安排各类各种课程。

4. 教学进程总体安排

教学进程总体安排指要规范各类课程设置的联系与要求，便于专业人才培养方案的实施，学校在时间、空间、资源利用等维度上对设置的课程及递进关系给予科学合理的安排。专业教学进程总体安排表的相关信息一般有：课程类别及性质、课程代码、课程名称、学分、学时、教学进程、考核方式、备注等。

5. 实施保障

实施保障具体包括师资队伍保障、教学设施保障、教学资源保障和质量保障等。师资队伍保障提出专业队伍结构及师生比、“双师型”素质教师占比、专业带头人影响力、专任教师企业实践经历和兼职教师教学指导能力等要求。教学设施保障提出满足正常课程教学和信息化教学、专业实习实训所需的条件与设施等要求。教学资源保障提出教材选用、图书文献和数字教学资源配备等要求。质量保障提出教学过程质量监控机制、教学管理机制、毕业生跟踪反馈及社会评价机制、教育教学评价及持续改进等要求。

6. 毕业要求

毕业要求应依照教育部颁布的《高等职业学校专业教学标准》，根据区域、学校、专业自身特点制订，能够支撑该专业培养目标的达成。各专业毕业要求既是实现培养目标的保证，又是专业构建素质、知识、能力结构，形成课程体系和开展教学活动的基本依据，需要在人才培养全过程中分解落实。毕业要求逐条细化为可落实、可评价、有逻辑性和专业特点的指标，引导教师有针对性地教学，引导学生有目的地学习。

三、人才培养方案的组织实施

人才培养方案的实施过程以习近平新时代中国特色社会主义思想为指导，落实立德树人根本任务，坚持面向市场、服务发展、促进就业的办学方向，健全德技并修、工学结合育人机制，构建德智体美劳全面发展的人才培养支撑，突出职业教育的类型特点，深化产教融合、校企合作，推进教师、教材、教法改革，规范人才培养全过程，加快培养复合型技术技能人才。具体要求如下。

（一）全面加强党的领导

加强党的领导是做好职业院校专业人才培养方案制订与实施工作的根本保证。职业院校在地方党委领导下，坚持以习近平新时代中国特色社会主义思想为指导，切实加强对专业人才培养方案制订与实施工作的领导。职业院校校级党组织会议和校长办公会要定期研究，书记、校长及分管负责人要经常性研究专业人才培养方案的制订与实施。

（二）思政融入培养全程

构建“思政课程＋课程思政”大格局，推进全员全过程全方位“三全育人”，实现思想政治教育与技术技能培养的有机统一。结合职业院校学生特点，创新思政课程教学模式。强化专业课教师立德树人意识，结合不同专业人才培养特点和专业能力素质要求，梳理每一门课程蕴含的思想政治教育元素，发挥专业课程承载的思想政治教育功能，推动专业课教学与思想政治理论课教学紧密结合、同向同行。

（三）开发专业课程标准和课程教学设计

根据专业人才培养方案总体要求，制（修）订专业课程标准，明确课程目标，优化课程内容，规范教学过程，及时将新技术、新工艺、新规范纳入课程标准和教学内容。教师需准确把握课程教学要求，规范编写、严格执行教案，做好课程总体设计，按程序选用教材，合理运用各类教学资源，做好教学组织实施。

（四）积极开展教师、教材、教法改革

建设符合项目式、模块化教学需要的教学创新团队，不断优化教师能力结构。健全教材选用制度，选用体现新技术、新工艺、新规范的高质量教材，引入典型生产案例。总结推广现代学徒制试点经验，普及项目教学、案例教学、情境教学、模块化教学等教学方式，广泛运用启发式、探究式、讨论式、参与式等教学方法，推广翻转课堂、混合式教学、理实一体教学等新型教学模式，推动课堂教学革命。加强课堂教学管理，规范教学秩序，打造优质课堂。

（五）推进信息技术与教学有机融合

适应“互联网＋职业教育”新要求，全面提升教师信息技术应用能力，推动大数据、人工智能、虚拟现实等技术在教育教学中的广泛应用，积极推动教师角色的转变和教育理念、教学观念、教学内容、教学方法以及教学评价等方面的改革。加快建设智能化教学环境，建设能够满足多样化需求的课程资源，创新服务供给模式，服务学生终身学习。

（六）改进学习过程管理与评价

严格落实培养目标和培养规格要求，加大过程考核、实践技能考核成绩在课程总成绩中的比重。严格考试纪律，健全多元化考核评价体系，完善学生学习过程监测、评价与反馈机制，引导学生自我管理、主动学习，提高学习效率。强化实习、实训、毕业设计（论文）等实践性教学环节的全过程管理与考核评价。

附件：

职业院校专业人才培养方案
参考格式及有关说明

一、专业名称及代码

对照高职现行专业目录规范表述。

二、入学要求

高等职业学校学历教育入学要求一般为高中阶段教育毕业生或具有同等学力者。

三、修业年限

高职学历教育修业年限均以3年为主，可以根据学生灵活学习需求合理、弹性安排学习时间。

四、职业面向

可以表格的形式呈现。包括本专业所属专业大类(专业类)及代码，本专业所对应的行业、主要职业类别、主要岗位类别(或技术领域)、职业技能等级证书、社会认可度高的行业企业标准和证书举例。

五、培养目标与培养规格

1 培养目标

高职根据各自的办学层次和办学定位，参照国家专业教学标准，科学合理确定本专业人才培养目标。

2. 培养规格

本专业毕业生应具备的素质、知识和能力等方面的要求，应纳入本专业所特有的、有别于其他专业的职业素养要求。

六、课程设置及要求

主要包括公共基础课程和专业(技能)课程。

1. 公共基础课程

应准确描述各门课程的课程目标、主要内容和教学要求，落实国家有关规定和要求。

2. 专业(技能)课程

应准确描述各门课程的课程目标、主要内容和教学要求，增强可操作性。

七、教学进程总体安排

教学进程是对本专业技术技能人才培养、教育教学实施进程的总体安排，是专业人才培养方案实施的具体体现。以表格的形式列出本专业开设课程类别、课程性质、课程名称、课程编码、学时学分、学期课程安排、考核方式，反映有关学时比例要求。

八、实施保障

主要包括师资队伍、教学设施、教学资源、教学方法、学习评价、质量管理等方面。

1. 师资队伍

对专、兼职教师的数量、结构、素质等提出有关要求。

2. 教学设施

对教室，校内、校外实习实训基地等提出有关要求。

3. 教学资源

对教材选用、图书文献配备、数字资源配备等提出有关要求。

4. 教学方法

对实施教学应采取的方法提出要求和建议。

5. 学习评价

对学生学习评价的方式方法提出要求和建议。

6. 质量管理

对专业人才培养的质量管理提出要求。

九、毕业要求

毕业要求是学生通过规定年限的学习，须修满的专业人才培养方案所规定的学时学分，完成规定的教学活动，毕业时应达到的素质、知识和能力等方面要求。毕业要求应能支撑培养目标的有效达成。

十、附录

一般包括教学进程安排表、变更审批表等。

第二节 课程标准

一、什么是课程标准

(一)课程标准的概念

课程标准是规定某一门学科的课程性质与目标、对课程的内容做出具体阐释，对教学实施给出建议的指导性教学文件，是人才培养方案重要的配套性教学文件。为保证人才培养的素质、知识、能力等基本要求，教育部针对规定的公共基础课程发布国家层面的“课程标准”，学校需要根据专业类别和自身优势，制订校级层面专业课程的“课程标准”。职业教育的专业课程标准一般包括：课程类型、课程代码、课程名称、学时学分、预修课程、适用专业、开课部门、课程(实训)地位、目标和任务、与相关课程的联系与分工、教学(实训)内容与要求、必备教材(实训指导书)和参考资料、教学方法、实训环境与方式、课外学习要求、实训日志和实训报告要求、考核及成绩评定方式等。专业应根据职业教育理论和理实一体化教学的特点，将实验、实训、实习等实践教学环节统筹纳入相关课程标准中进行设计。

(二)为什么编写课程标准

以往的职业教育更多的是参照普通教育的办学模式，课程标准的颁布是职业教育发展“向提高质量转变”的重要举措。《国家职业教育改革实施方案》明确提出，要发挥标准在职业教育质量提升中的基础性作用。课程标准是对学习者在学科领域的基本素质要求，对教材、教学和评价具有重要指导意义，是教材编写、组织实施教学和教学评价的出发点与归宿。

完善教育教学相关标准①

发挥标准在职业教育质量提升中的基础性作用。按照专业设置与产业需求对接、课程内容与职业标准对接、教学过程与生产过程对接的要求，完善中等、高等职业学校设置标准，规范职业院校设置；实施教师和校长专业标准，提升职业院校教学管理和教学实践能力。持续更新并推进专业目录、专业教学标准、课程标准、顶岗实习标准、实训条件建设标准(仪器设备配备规范)建设和在职业院校落地实施。巩固和发展国务院教育行政部门联合行业制定国家教学标准、职业院校依据标准自主制订人才培养方案的工作格局。

二、课程标准的编写技术

(一)编写的指导思想

1. 系统化设计

职业教育课程标准建设是一项系统性工程。课程标准的开发需要建立由专业课程教师、基础课教师、企业技术骨干和职业教育课程专家组成的课程标准建设团队，确立以思想品德教育为目标，以职业能力培养为主导，以突出产教融合、校企合作、工学结合为落脚点的课程建设基础，对应高职各阶段不同课程教学的学生思想行为、知识学习、技能学习和情感学习进行精准的定位，系统化设计学习活动，对学习行为及结果进行评价。

2. 意蕴明确化

职业教育课程标准建设的实质是建立课程学习规范。一是建立基于学生思想行为、知识学习、技能学习和情感学习等领域能力递进一体化的可测量、可观察的行为评价指标体系。例如，某一知识的学习有“知晓、探索、验证、定型、创新”等层次的学习行动，这些层次的知识学习目标要依据学生的年龄及学习行为特征，在高职衔接课程中分别得到体现。二是建立基于学生行为表现的课程学习效果评价标准。课程评价标准由两部分组成：一部分是学生在课程学习、企业实践及校园表现上的基本行为特征；另一部分是学生依据自身学习习惯和职业生涯发展的需求，在教师指导下制订提高自身素养和能力的学习目标。因此，课程学习效果评价采用“共性＋个性”“过程＋结果”相结合的评价模式。

(二)基本内容与编写要求

1. 课程性质与任务

这一部分需明确课程性质为公共基础、专业核心课还是专业方向课程，是必修课还是选修课等信息。例如，本课程是冷链物流服务与管理专业的一门专业核心课程，是从事冷链物流客户服务工作必须学习的课程，将为后续学习其他专业方向(或专业)课程奠定基础。

① 国务院关于印发国家职业教育改革实施方案的通知[EB/OL]. http://www.gov.cn/zhengce/content/2019-02/13/content_5365341.htm，最后浏览 2021-12-24。

2. 学科核心素养与课程目标

这一部分需明确课程学习后应形成的正确价值观念、必备品格和关键能力。课程目标应包含专业教学标准“培养规格”中与本课程对应的素养、知识、能力要求；一般会根据目标内容使用“行为＋结果”“行为＋标准＋结果”“条件＋行为＋标准＋结果”等写法。例如：通过本课程的学习，能完成主要客户的识别、客户接待及业务异常投诉处理工作任务，达到如下具体目标：熟悉线上线下客户业务交流方式，能按照公司规定的物流客户接待流程，讲究业务礼仪，合理合规地完成客户接待，准确对接业务部门启动服务客户业务；能按照公司规定流程，受理业务中的客户投诉，包括识别投诉类型、评估责任，启动相应的内部处理流程，准确反馈和跟踪处理结果。对公司提出业务改善的合理化建议。文字描写一般是能够了解、理解、掌握、描述等具体内容；养成职业习惯、具有何种职业素养，形成某项职业能力等；表达能力的最终状态。

3. 课程内容与要求

这一部分需明确课程的内容要点，提出相关教学要求。内容包括课程的模块(章节)划分、与职业能力的对应关系、学习要求和学时安排等。表 5.5 为冷链物流客户服务课程内容分析案例。

表 5.5 冷链物流客户服务课程内容分析

<table>
<tr><th rowspan="2">序号</th><th rowspan="2">岗位</th><th rowspan="2">工作任务</th><th rowspan="2">职业能力</th><th colspan="2">课程内容</th><th rowspan="2">学习水平</th><th colspan="2">参考课时</th></tr>
<tr><th>技能内容与要求</th><th>知识内容与要求</th><th>理论</th><th>实训</th></tr>
<tr><td rowspan="4">1</td><td rowspan="4">客户接待</td><td rowspan="2">客户接洽</td><td>1. 熟知客户接待礼仪知识
2. 明确物流客户接待流程</td><td colspan="2">1. 熟悉服务礼仪的相关知识，能按照行业企业服务礼仪规范接待冷链物流客户
2. 熟练掌握冷链物流客户服务标准业务用语，能准确确认语境，运用恰当的语言完成业务交谈</td><td>I</td><td colspan="2" rowspan="4">12</td></tr>
<tr><td>3. 能处理物流客户来访、来电、来函</td><td colspan="2">3. 熟悉与客户沟通的主要方式和途径
4. 掌握物流客户来访、来电、来函的处理流程，能恰当完成客户接待</td><td>P</td></tr>
<tr><td rowspan="2">受理投诉</td><td>1. 能受理冷链物流客户投诉
2. 能处理客户投诉</td><td colspan="2">1. 熟悉冷链物流客户常见投诉类型；能准确识别顾客投诉的心理状况，做出恰当回应
2. 熟悉冷链物流客户投诉的方式及一般流程
3. 能迅速识别冷链物流客户投诉的业务类型、主要诉求内容，并整理相应的记录</td><td>I</td></tr>
<tr><td>3. 能妥善跟进投诉处理后服务</td><td colspan="2">4. 能对客户的投诉提出合理的解决方案，帮助客户维护合法权益
5. 能对客户投诉处理方案进行内部反馈，向业务部门提出合理化改善建议</td><td>P</td></tr>
</table>

(1)分析由知识与技能所组成的课程内容，要以工作任务与职业能力表中的工作任务为依据。以“能/会”开头，按照一定的专业逻辑顺序列入表格之中，在每一条工作模块后面注明学习水平。学习水平分为“初步”“熟练”“强化”三个等级，依次对应“I”“P”“R”三个字母。另外，列出明确理论/实训参考学时。

(2)分析核心素养内容。应以表格的形式深入分析核心素养的层次、类别和具体内容。以企业专家提供的素养内容为基础，教师仍需挖掘、提炼和概括具有教育意义，且具备通用价值的成分。表 5.6 以产品设计专业职业素养案例为例加以说明。

表 5.6　产品设计专业职业素养(案例)

素养类别	素养内容
职业道德	未经允许不拷贝公司和客户的资料 能保守客户和公司产品开发的相关秘密 能自觉遵守企业的规章制度
合作意识	具有积极协助同时完成设计任务的意识 能按照承诺完成和完善自己的设计任务 能配合结构设计师和手板制作师完成设计和制作任务 能与同项目组设计师协商，确定自己的设计方向
质量意识	能将顾客的利益放在首位 能及时准确提供产品相关图纸 能根据客户和主管的要求修改图纸 具有对产品造型设计结果负责的意识
服务意识	能与客户和主管及时沟通设计理念和设计进展状况 能及时收集产品销售信息，分析造型设计起到的作用 能及时为客户提供技术支持
学习意识	能经常向公司内部员工、行业优秀设计师、客户学习新知识 能通过网络、图书及时更新自己的设计思想，学习新的设计技巧

4. 课程实施

这一部分对教学、考试评价、教材编写、资源开发等提出要求。根据课程特点，进一步明确有针对性的教学组织、教学方法、教学评价、教材选用及教学资源开发使用等方面的要求。

(1)教学要求。将思想政治教育融入教学，针对不同生源结构，采用项目教学、案例教学、情境教学、模块化教学等教学方式，运用启发式、探究式、讨论式、参与式等教学方法，推动课堂教学改革。建议使用翻转课堂、混合式教学、理实一体教学等教学模式，加强大数据、人工智能、虚拟现实等现代信息技术在教育教学中的应用。

(2)学业水平评价。根据培养目标和培养规格要求，采用多元评价方式，加强过程性评价、实践技能评价，强化实践性教学环节的全过程管理与考核评价，结合教学诊断和质量监控要求，完善学生学习过程监测、评价与反馈机制，引导学生自我管理、主动学习，提高学习效率，改善学习效果。

(3)教材选用及教学资源开发与使用。按国家和地方教育行政部门规定的程序与办法选用教材。教材使用中充分体现任务引领、实践导向的教学形式，引入典型生产案例。合理开发和使用音视频资源、教学课件、虚拟仿真软件、网络课程等信息化教学资源库，满足教学需求，提升学习效果。

三、课程标准编写模板示例

《×××(课程名称)》课程标准

一、课程基本信息

课程名称：		
课程代码：	学分：	学时：
授课时间：第×学期	授课对象：××级学生	
课程性质：课程是×××专业的专业核心能力课程，是×××专业必修课，是校企合作开发的基于工作过程的课程。		
前导课程：	后续课程：	

二、课程概述

(一)制订依据

本标准依据《×××专业人才培养方案》中对《×××》课程培养目标的要求制订。

(二)课程地位与作用

1. 课程的地位

在课程体系中的位置，要反映本课程与前导、后续课程的衔接关系。

2. 课程的作用

本课程在专业人才培养过程中的地位及作用。具体要体现：课程要符合高技能人才培养目标和专业相关技术领域职业岗位(群)的任职要求；本课程对学生职业能力培养和职业素养养成要起主要支撑或明显的促进作用。

(三)课程设计思路

课程设计的总体思路基于工作过程的课程设计、工作项目(任务)的结构模式、课程内容确定的依据(如任务完成的需要、学生的认知特点、相应职业资格标准)、活动设计目标、课时安排说明、学习程度说明等进行设计。

可以结合专业提出有特点的课程设计思路，例如针对行业特点，设计学习情境，实施“课堂＋企业”“课堂与车间合一”等教学模式，以真实项目为导向整合、序化教学内容等。

(四)课程内容确定的依据

1. 岗位分析

2. 课程面向的岗位

重视课程所面向的岗位分析，这是职业院校的特点。课程与课程体系改革，从职业岗位分析入手，找准市场需求、社会需求，面向的岗位要说清楚。

3. 课程定位

同一门课高职与中职的差异，职业教育和普通高校的区别，职业教育和培训班的区别，一一说明，可列表对比。

三、课程目标

(一)总体目标

这是课程的第一层目标，要与课程标准中相关表述一致，对于尚未制订课程标准的课程，由指定教师写出初稿，课程组教师集体研讨商定本课程的总体目标。

(二)具体目标

1. 能力目标

①

②

……

2. 知识目标

①

②

……

3. 素质目标

①

②

……

四、课程内容与要求

<table>
<tr><th rowspan="2">课程模块</th><th rowspan="2">工作任务</th><th rowspan="2">职业能力</th><th colspan="2">课程内容</th><th rowspan="2">学习水平</th><th colspan="2">参考学时</th></tr>
<tr><th>技能内容与要求</th><th>知识内容与要求</th><th>理论</th><th>实训</th></tr>
<tr><td rowspan="6">A1×××</td><td rowspan="4">A1.1×××</td><td>A1.1.1×××</td><td colspan="2">能……
能……</td><td></td><td colspan="2" rowspan="6">……</td></tr>
<tr><td>A1.1.2×××</td><td colspan="2">……</td><td rowspan="3"></td></tr>
<tr><td>A1.1.3×××</td><td colspan="2">……</td></tr>
<tr><td></td><td colspan="2">……</td></tr>
<tr><td rowspan="2">A1.2×××</td><td>A1.2.1×××</td><td colspan="2">……</td><td rowspan="6"></td></tr>
<tr><td>A1.2.1×××</td><td colspan="2">……</td></tr>
<tr><td rowspan="4">A2×××</td><td rowspan="2">……</td><td>……</td><td colspan="2" rowspan="2">……</td><td colspan="2" rowspan="4">……</td></tr>
<tr><td>……</td></tr>
<tr><td rowspan="2">……</td><td>……</td><td colspan="2" rowspan="2">……</td></tr>
<tr><td>……</td></tr>
</table>

注：学习水平分为“初步”“熟练”“强化”三个等级，依次对应“I”“P”“R”三个字母。另外，给出明确理论/实训参考学时。

素养类别	素养内容
×××	
×××	
……	

五、实施建议

（一）教材编写

必须依据本课程标准编写教材。充分体现任务引领、实践导向课程设计思想；教材内容呈现方式；教材要体现通用性、实用性、先进性；反映新技术、新工艺，典型产品或服务的选择要科学，体现地区产业特点；文字表述要求；活动设计要具体、可操作。

（二）教学方法

要体现各课程在教学方法上的特殊性。

（三）教学评价

主要指学生学业评价。突出阶段评价、目标评价、理论与实践一体化评价；关注评价的多元性；要体现各课程在评价上的特殊性。

（四）资源利用

包括相关教辅材料、实训指导手册、信息技术应用、工学结合、网络资源、仿真软件等。

（五）其他说明

对以上未能涉及的内容做必要的说明。

【教师评测卡】

培养方案　评测卡								
评价项目	评价指标	分值					自评得分	他评得分
		10 总是如此	8 常常如此	6 偶尔	4 很少	2 从不		
人才培养方案知识	我知道《教育部关于职业院校专业人才培养方案制订与实施工作的指导意见》对职业院校制订专业人才培养方案明确了哪些主要内容及要求							
	我知道《教育部关于职业院校专业人才培养方案制订与实施工作的指导意见》对职业院校专业人才培养方案的实施提出了哪些要求							
	我知道职业院校专业人才培养方案的格式要求							
	我能够依据要求或模板制订专业人才培养方案							

续表

培养方案　评测卡								
评价项目	评价指标	分值					自评得分	他评得分
		10 总是如此	8 常常如此	6 偶尔	4 很少	2 从不		
课程标准知识	我知道课程标准的构成要素							
	我知道课程标准的应用场景							
	我熟悉课程标准的编写原则							
	我知道课程标准中关于“课程目标”的编写规范							
	我知道课程标准中关于“课程内容”的编写规范							
	我知道课程标准中关于“课程实施”的编写规范							

等级	优	良	中	及格	不及格
分数	90～100	80～89	70～79	60～69	60 以下
评语					

第六章　教学设计

知识点总数	知识点完成数	评测卡总数	评测卡完成数	知识地图总数	知识地图完成数

知识地图

通过本章学习，职业院校教师应掌握以下内容：

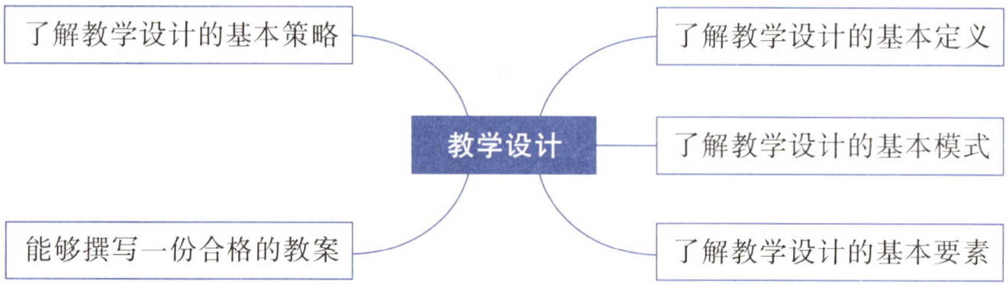

第一节　教学设计概览

一、什么是教学设计

(一)教学设计的概念

美国学者加涅(Gague)这样定义："教学设计是一个系统化规划教学系统的过程。教学系统本身是一个有利于学习的资源和程序安排。任何以开发人的才能为目的的组织机构都可以被纳入教学系统中。"①中国学者乌美娜对教学设计的定义是："教学设计是运用系统方法分析教学问题和确定教学目标，建立解决教学问题的策略方案、试行解决方案、评价试行结果和对方案进行修改的过程。"②

教学设计是指教师以课程标准、教材要求为依据，结合学生学习情况和生活经验，对教学内容、教学过程、教学方法等进行具体的设计和安排，以便顺利、有效地开展教学活动。教学设计具体由教案设计、教学实施、教学反思三个部分构成，其中教案设计包括课程标准分析、教学内容分析、学习者分析、教学目标设计、教学重难点设计、教学方法及教学媒体设计、教学过程设计、目标检测设计、板书设计及教案反思；教学实施是根据教案设计的具体内容，在课堂上实施教案的过程；教学反思是在教案设计成果得到教学实施后进行评价和完善的过程。

(二)教学设计的理论基础

1. 传播理论

运用传播理论分析教学活动，可以比较直观地看到教学信息传播过程有其复杂性，传播效果受多个因素的影响。第一，从教学信息的传播者(教师)和教学信息的接受者(学生)来看，至少有四个方面的因素会影响教学信息传播的效果。一是信息传播的技能，二是态度和情意，三是知识和认知水平，

① R. M. 加涅、W. W. 韦杰、K. C. 戈勒斯、J. M. 凯勒：《教学设计原理 5 版》，王小明等译，6 页，上海，华东师范大学出版社，2007。

② 乌美娜：《教学设计》，11 页，北京，高等教育出版社，1994。

四是社会以及文化背景。第二，从信息本身来看，也有很多因素会影响传播的效果。比如什么样的信息及其表述形式、展示形式都会影响传播的效果。第三，从信息传播的渠道来看，不同的传播媒体会产生不同的传播效果，怎样选取适当的媒体应用于教学是当今教学研究的主题之一。

2. 学习理论

学习理论体系对教学设计的过程和决策产生了深远的影响，它们包括行为主义学习理论、认知主义学习理论、人本主义学习理论。概括地说，行为主义学习理论把学习看作在刺激与反应之间建立联结或形成习惯，而认知主义学习理论则认为学习是一种组织作用，是学习者对情境的认知、顿悟和理解，是学习者知觉的再构造或认知结构的变化。它们都为教学设计的实践提供了相应的理论基础。人本主义学习理论则立足于人本主义心理学的基本思想，强调充分发挥人的潜能和价值，使个体成为一个具有丰富的知识经验和完满的人格的人。

(1)行为主义学习理论。行为主义学习理论认为学习是一种个体受到的外部刺激与其内在反应之间的“联结”行为，是外界的新知识和学习者的内在知识网络之间的联结过程。个体的学习行为是其对外界环境的刺激(学习素材)所做出的反应，即习得是学习外界新知识后的人脑反应。即使所处的环境一样(受到的刺激一样)，不同个体的反应(习得)也不尽相同。习得的过程可以看作一个不间断地接受“刺激”(接受新知识)，按照预期做出“反应”(习得)的可“操作”的过程。如果这一过程的结果是令人满意的，学习者就会重复这一“反应”，这种“正向”的反应因为重复而得到了“强化”。体现在教学上，可重复操作“正向”反应，以便得到所希望的“强化”的结果，这也称为“正向强化”。行为习得的模式可以概括为五个不可分割的阶段：观察—模仿—重复—强化—习得。“观察”体现在学习中就是教学环境(即教学素材和教师的教学行为)；积极的“模仿”是“重复”行为有效的基础；“强化”则是“习得”的关键。在教育教学实践上，行为主义学习理论：要求教师为学习者安排一个可供学习的环境(包括文字图片或者实物的场景)，可以进行观察和模仿，然后要求学习者重复这项“模仿”，并且肯定学生正确的学习(模仿)行为。这种肯定的评价，在很大程度上影响着学习效果。

(2)认知主义学习理论。认知主义学习理论强调学习者的内部认知因素，认为学习是通过对情境的认知或领悟形成认知结构而实现的，因此主张研究学习的内部过程和内部条件。无论是布鲁纳(Bruner)的认知结构学习理论、奥苏伯尔(Ausubel)的认知同化学习理论，还是加涅的信息加工学习理论，都重视学习者认知结构的形成，认为认知结构对学习新知识具有同化作用，新知识和新经验促进认知结构的变化。在学习者形成认知结构的过程中，教师的作用至关重要。布鲁纳认为，学生对学科结构的理解有助于学生形成认知结构，因此，布鲁纳主张把学科的基本结构放在设计和编写教材的中心位置。加涅提出的学习分类及学习的层次性和累积性模式，不仅强调了教师如何教，还研究了学生如何学，强调学生的主动性。

(3)人本主义学习理论。人本主义学习理论认为，人类具有学习的自然倾向和学习的内在潜能，人类的学习是一种自发的、有目的的、有选择的学习过程。因此，学习者是一个有目的、能够选择和塑造自己行为并从中得到满足的人。教学的任务就是创设一种有利于学生学习潜能发挥的情境。基于此，人本主义学习理论提出“意义”学习，认为它不仅仅是涉及事实的学习，而且是一种使个体行为、态度、个性以及未来行动发生重大变化的学习。学习不仅仅是获得知识、习得行为，还有人格的完满。此外，人本主义学习论特别强调学习和掌握学习方法。学习方法是在做中获得的，学生通过实际参加学习活动，实现自我发现、自我评价和自我创造，获得学习的经验。

3. 道德发展理论

劳伦斯·科尔伯格(Lawrence Kohlberg)通过探查儿童对一系列结构化情境或道德两难问题的反应研究了儿童和成年人是如何对规则进行推理的，这些规则经常掌控着个体在某种情境中的行为。

科尔伯格提出人类的道德判断或道德推理需经过 6 个发展阶段。他根据儿童或成年人如何界定什么是正确的或什么是道德的行为，将 6 个阶段划分为 3 个水平：前习俗水平、习俗水平和后习俗水平。科尔伯格认为，随着认知能力的发展，人们对道德问题的理解也日趋复杂。与年长儿童或成年人相比，年幼儿童倾向于以比较刻板的方式来判断对错。科尔伯格的道德发展水平和阶段理论如表 6.1 所示。

表 6.1　科尔伯格的道德发展水平和阶段理论

1. 前习俗水平(9 岁以下) 规则是由他人制订的
阶段 1：惩罚与服从定向 对权威或规则采取服从的态度，以免受到惩罚
阶段 2：功利性的相对主义定向 每个人都有自己的意图和需要，符合自己需要的行为就是正确的。在进行道德判断时，儿童能够把各方利益作为具体事物来衡量，但依然会先为自己着想
2. 习俗水平(一般在 10—20 岁) 个体接受规则，有时会使自己的需要服从群体的需要。家庭、群体或国家的期望都被看作有价值的
阶段 3："好孩子"定向 能够取悦他人或帮助他人，并得到他人认可的行为都是良好的行为。个体通过"良好"的表现而赢得他人的赞许 在做出道德决定时能够考虑他人的感受，而不再仅仅做出免遭惩罚的行为(阶段 1)或者令自己感觉良好的行为(阶段 2)
阶段 4：法规和秩序定向 社会的规则和法律代替了同伴群体的规则，个体的道德判断不再取决于对社会赞许的渴望。而是强调对法律的遵守，从维护社会秩序的角度来思考什么行为是正确的
3. 后习俗水平(一般在 20 岁以上) 人们根据自己选定并遵从的伦理规则来界定自己的价值观
阶段 5：社会契约定向 根据个体的一般权利和社会所认可的标准来界定什么是正确的。与阶段 4 不同，法律不再是死板的、一成不变的条文，而是可以为了社会的利益而改变的
阶段 6：普遍伦理原则定向 按照自主选择的道德准则、良心决定行为的对与错。这些自主选择的道德准则是建立于正义、人类权利的平等和价值等抽象概念之上的

科尔伯格的道德发展水平和阶段理论中每个阶段都比前一个阶段更加成熟、更加复杂，并且大部分人都依照相同的次序经历这些阶段。

二、教学设计的模式

教学设计是系统化规划的过程，需回答"学什么、怎么学、达标否"这三个核心问题。① 其中"学什么"即学习目标；"怎么学"即学习和教学策略；"达标否"即设计对学习成效的评价。相应的教学设计行动包括：分析学什么、设计怎么学、反思达标否三个环节。通常依据课程标准、学情分析、教材编排内容等来分析确定学什么，而设计怎么学包含教学目标、资源与条件、教与学的策略方法、设计教学活动等，反思达标就是预先评估教学效果。按照这个流程进行教学设计，形成了教学设计的基本模式。

1. 主题选择和确定任务

一节课的主题为这节课的教学内容冠上具体的名称。主题确定了，紧接着可以布置任务，后者决定了学生应该做什么。

2. 条件分析

条件分析就是要研判上课最主要的前提条件是什么。这个环节通常分析人才培养方案和课程标准，确定教学内容，进行学情分析。

3. 教学结构化

教学结构化就是要建立教学目标和内容、教学方法、教学条件之间的合理关联。具体包括确定教学目标、明确教学资源、理清教学方法和教学过程、教学活动设计。

4. 规划上课过程

设计教学过程时必须合理分配时间，计划这节课的组织过程及教学成果等。

5. 预先考虑评价

评价的内容是分析和解释真实的教学过程。可以在编写书面教案时预先考虑。

第二节　教学设计技术

一、教学设计的基本要素

教学设计是教师实施教学的具体方案，也是一个动态的、开放的系统方案。教学设计研究越到位，越接近真实的学习过程，越具有指导性。通常情况下，无论哪一种教学设计模式，都包含以下这 10 个基本要素。(见图 6.1)

---

① 参见[德]希尔伯特・迈尔：《备课指南》，夏利群译，86～87 页，上海，华东师范大学出版社，2011。

图 6.1　教学设计十要素图

(一)教学内容

教师要理解课程标准中的相关内容，领会有关内容的教学要求及其在整个课程标准中的地位和作用，分析教材内容的编写意图和前后联系。具体来说，关于教学内容的分析，主要包括以下几个方面：

(1)课程标准对本单元(本课)教学的总体要求。

(2)本单元(本课)在知识体系中的地位和作用。

(3)本单元(本课)教材的整体结构及重难点分析。

(4)教师使用教材和处理教材的基本构想。

(二)学情分析

认真分析、了解学习者的情况，掌握他们的一般特征和初始能力，这是做好教学设计的基础。一般情况下，学情分析包括：

(1)学生的知识和能力基础，应该实现的发展水平。

(2)学生学习过程中可能遇到的困难及产生的原因。

(3)学生的个体差异分析。

(4)学生的学习态度对学习本单元知识的影响。

(三)教学目标

教学目标是组织教学活动的主线，是教学设计的重要环节，各项教学活动的设计必须有助于实现教学目标。有效的课堂教学应该起始于期望达到的目标，终止于教学目标的全面落实。

制订教学目标应注意如下几点。

(1)学生导向。教学目标的学生导向强调学生的学，而不是紧紧盯着教师的教。

(2)分解学习任务，描述恰当的学习成果。教学目标应该分解为具体的学习任务，聚焦具体的认知过程。在描述教学目标时，注意要描述学生的学习成果，而不是描述能够取得这些成果的学习活动。

(3)清晰并且可测量。教学目标应该用准确的动词来描述行为，并且在大多数情况下，教学目标中的动词应该指向明确的目的。

(4)可观察的。清晰的目标应当使用行为动词来指明，使人清楚地看到学生的学习行为，并且能告诉学生，教师期望他们做出什么样的努力。形成一个具有可观察性的教学目标的关键在于使用具有可观察性的动词。

(四)教学资源

在信息化时代，多媒体教学资源的应用，对教师的教学工作起到了重要的辅助作用。运用多媒体资源，可以将我们用语言难以表达清楚的问题直观、形象地展现给学生，有助于教学重点和难点的突破；在教学过程中把丰富多彩的视频、动画、图片等展示给学生，可以引起学生的学习兴趣，加深他们对问题的认识和理解程度。

同时，课堂教学是一个动态的、复杂的、多变的过程，单一的资源很难满足实际教学需求，通常是多种教学资源一起使用或按一定序列使用。所以，要科学合理地使用各种教学资源，考虑各种资源的特性，整体协调，互相配合。

(五)教学环境

一般情况下，课堂教学环境包括课堂物理环境和课堂社会环境。物理环境除了自然条件(如光线、温度等)外，还有课堂物理空间资源的安排。社会环境主要涉及课堂纪律、课堂气氛、师生关系、同学关系、校风以及社会文化背景等。

(六)教学方法

选用教学方法，是教学设计的一个重要环节。在教学实践中运用的教学方法多不胜数。教师要根据教学目标、教学内容、学生的年龄特点和认知水平、客观的教学条件等来确定教学方法。

(七)教学过程

教学过程是一条主要线索，将教师开发的教学资源、选用的教学方法等“串联”起来，最终达成教学目标。教师需要对教学的每一环节做什么、怎么做、为什么这样做进行整合式的思考，进而对整节课的教学过程做出具体安排。关于教学过程的设计，需要注意以下几个方面：

(1)是教学方案的设计，不是教学内容的再现。

(2)要注意发挥教师主导、体现学生主体和媒体优化作用。

(3)遵循学生认知规律和学习心理。

(4)体现一定的教学方法。

(八)教学活动

教学活动使学生获得亲身参与研究探索的体验，教师需要创设出恰当的活动让学生有所体验、感悟，才能达成教学目标。教学活动设计是教学设计中需要细化的环节，也是使课堂教学生动丰富、独具个性的关键环节。应充分考虑如下因素：

一是注重活动的内涵，活动要有针对性，切合教学内容和主题。

二是活动要从学生的生活实际出发，为学生独特的个体体验、自己解决问题以及实践创造留出空间。

三是活动设置要精细化，要充分考虑到活动的具体步骤，活动中学生可以做些什么、教师可以做些什么，活动如何步步深入，达到实效，等等。

四是注重活动过程中的总结反思。一方面要对学生在活动中的表现及时点评，不断提高学生开展活动的能力；另一方面要引导学生在活动中体验感悟，将教学内容渗透到活动中去。

（九）教学评价

教学评价是依据教学目标对教学过程及结果进行价值判断并为教学决策服务的活动。教学评价主要围绕教学目标进行。评价方式应尽可能多元化，如纸笔测验、活动表现、观察记录等。教学评价需要有明确的评价内容和标准。评价有层次性，注重形成性评价，提供评价工具；针对不同的评价结果提供及时的反馈，以正向反馈为主。

总之，教师要尽可能设计出学生乐意参与，又能客观地、确切地反映每个学生学习效果的评价方法。

（十）教学反思

我国心理学家林崇德提出“优秀教师＝教学过程＋反思”，美国的教育学家波斯纳（Posner）也提出了一个教师成长的公式：成长＝经验＋反思。无论前者还是后者，都告诉我们一个结论：反思是教师发展的重要基础。

成功的教师往往能够主动地和创造性地进行教学反思。一般来说，教学反思可包括以下几方面。

（1）写成功之处。如课堂中产生师生共鸣的精彩交流、辩论，教学方法调整改进的体会，有创意的教学设计或教学活动，等等。

（2）写不足之处。如师生交流的方法、策略不当之处，问题情境的创设有没有给学生充足的思考空间，教学活动安排是否有利于学生的自主学习，等等。对这些进行回顾、梳理，做出深刻的反思、探究和剖析。

（3）写教学机智。课堂教学中，往往会因为一些偶发事件而瞬间产生灵感，若不及时利用课后反思去捕捉，便会遗忘。

（4）写学生创新。在课堂教学过程中，学生总会有“创新的火花”，这些创新也是对课堂教学的补充与完善，可以拓宽教师的教学思路，提高教学水平。

（5）写“再教设计”。一节课下来，静心沉思，摸索出了哪些教学规律；教法上有哪些创新；知识点上有什么发现；组织教学方面有何新招；解题的诸多误区有无突破；启迪是否得当；训练是否到位；等等。及时记下这些得失，考虑一下再教这部分内容时应该如何做，写出“再教设计”，这样可以做到扬长避短、精益求精，把自己的教学水平提高到一个新的境界和高度。

（6）写反思之后再反思。反思并不限或终止于教后记，而是要用自己在反思中所产生的新观点来指导新的教学，让自己的新观点在新一轮的教学实践中得到验证，然后对检验的情况再做反思，进行对照、分析、归纳。我们就是在“行动—反思—再行动—再反思”中不断提高教学水平，不断取得进步的。

二、教学设计策略

(一)教学目标设计

学生进入新课学习时，头脑并不是一块白板，他们头脑中具有一些知识基础或日常生活中获得的知识经验。备课时教师需要进行学情分析，这样不仅能更有效地利用学生已获得的知识促进其学习，还能帮助我们识别、填补其知识缺陷。

1. 学情分析

关于学情分析，我们提供了以下参考方法，帮助教师确定学生的已有知识是否能够满足课程学习要求。

(1)与同事交流。为了确定上课之前学生已经具备了哪些相关知识，你可以先和给学生上过课的同事沟通一下，或者是看一看他们的教学大纲和学生作业。这能让你很快知道学生已经学过什么，学到了什么程度。为了更好地了解学生的已有知识，以及他们应用这些知识的能力，你还要询问同事，学生对知识掌握到了什么程度。例如，哪些概念和技能学生看起来更容易掌握？哪些学起来有困难？同事的信息有助于你更好地设计教学活动，使之能够有效地关联、支持拓展乃至纠正学生的已有知识。

(2)实施诊断性评估。为了确定学生的知识基础，教师还可以考虑安排一个简短的、低成本的评估。如在课程开始时，进行一个小测验，或让学生写一篇小文章。学生在这些作业任务上的成绩，能让教师大致了解学生对已有知识的掌握程度。

另一种考查学生已有知识的方法，是发放一份概念问卷。所谓概念问卷，是种不评分的测验，通常采用多项选择题的形式，其中包含了一些错误答案，以便考查学生普遍存在哪些错误概念。

(3)让学生评估自己的已有知识。如何让学生评估自己的已有知识呢？建议教师创建一个概念和技能列表，上面列出你期望学生进入课程学习时已掌握的概念和技能，还可以包括你打算在课程中要讲授的主题和技能。然后，给出一个从“粗略了解”(如“我听过此概念”)到“事实性知识”(如“我能给它下定义”)，再到“概念性知识”(如“我能向别人解释它”)，最后到“应用”(如“我能用它解决问题”)的评价尺度，让学生根据这个列表评估自己对每个概念或技能的掌握水平。

(4)分析学生作业中的错误类型。学生的错误概念往往有共性，因而会犯同样类型的错误。通常，教师只要分析一下学生在作业、小测验及考试中的错误，找出其中的共同点，就可以确认学生共有的错误概念。教师也可以通过跟踪分析学生在课堂上提出、回答的问题，找出他们的错误种类。当教师注意到这些错误的类型时，就会提醒自己关注学生普遍存在的问题，并且安排有针对性的教学，纠正学生的错误概念，填补他们在理解上的差距。

2. 制订教学目标

撰写教学目标有助于判断你所设计的教学和活动与预期的学习效果是否匹配，并且能判断你的教学是否有效。罗伯特·梅杰(Robert Mager)认为，教学目标包括：待完成的任务；完成此任务的条件；评估学业表现的标准。因此，一个完整的教学目标应该包括以下三部分：学会了什么，具体规定了所要学的知识；怎样运用所学知识，具体规定了学习者用什么样的知识来完成一项任务；如何评估学业表现，具体说明了如何解释学习者的学业表现。

我们为拟定可测量的教学目标提供了一种方法。这个方法包含四个要素：内容、行为、条件和标准。这四个要素有助于确保教学目标体现出清晰、明确的学习成果，也有助于教师对如何测量这一成果进行描述。

(1)内容。这一要素描述的是具体的学习科目。比如，学生能在作业纸上，准确地写出作业流程图。在这个教学目标中，内容就是“流程图”。

关于教学目标的内容编写，建议：

要足够具体，让任何阅读这一目标的人都能够理解学科内容。

让内容具有独立性，使读者在不查阅具体材料的情况下，理解目标要求。

要足够普遍，即所强调的知识和技能都是很重要的，具有代表性。

(2)行为。这一要素指明学生通过做什么事来表明他们的学习行动。教师要用动词写出学生的行为或表现，使结果具有可测量性。

能力案例库

行为样例：

说出、辨认、列举、记住、复述、解释、说明、归纳、概述、推断、设计、辩护、撰写、检验、计划、模拟、再现、使用、例证、临摹、完成、制订、绘制、安装、检测、联系、灵活运用、设计、创造、分析、综合等

以上这些都是可参考的行为样例。但有些样例教师可以表述得更具体。例如，关于“解释”，教师可以给出具体的方式，如给出书面解释、口头解释；很多教师在描述教学目标时，一个常用的动词就是“辨别”或“区分”，这两个词还可以给出更具体的表述，如“用下画线来辨别……”。

(3)条件。制订教学目标时，教师将学生行为实施的条件，如环境、场景等描述清楚，这是非常重要的。因为这些条件能使学生的学习内容更加具体。

在对学生进行评价时，教师还要依据这些学习条件，所以必须事先把它们描述清楚。

(4)标准。标准明确了目标可接受的表现水平、掌握的程度和预期的熟练程度。该要素描述了学生在达到何种水平(如初级、熟练或强化)时才表明其已经完成了教学目标。

当教师拟定教学目标时，使用模板和框架有助于确保以上这四个要素被囊括在内。模板可以是：什么人将会在什么情况下做/说什么任务到什么程度。

我们给每个要素都进行了标记和描述，为拟定可测量的目标提供框架。

小贴士

拟定教学目标的模板和框架

要素	行为	内容	标准	条件
什么人将会	做/说	什么任务	到什么程度	在什么情况下
描述词	可观察动词	具体但普遍	准确性、熟练性或一致性	背景或提供的东西

3. 布鲁姆认知领域目标分类法①

1956 年，本杰明·布鲁姆(Benjamin Bloom)设计了认知领域目标分类法。布鲁姆设计的这套分类法，是针对学校教学中，教师过分关注学生对事实的记忆(低级思维)，而忽视了更高级的思维能力的培养而提出的。认知领域目标分类法，从基本的理解能力到高级的信息加工能力共有六个层次。该分类法的初衷是帮助教师认识各种不同复杂程度的课堂活动，使他们能够建构出包含高水平学习成果的教学目标。虽然布鲁姆的认知领域目标分类法后来经过一些小的修订，但目前仍为全世界的教育者所使用。(见表 6.2)

表 6.2　布鲁姆认知领域的教学目标

认知层次	相关解释	一般的结果类型
知识(识记)	最低层次的认知水平。也就是对事实和信息的简单回忆，只需要人们记住并回忆出来即可	知道具体的事实、概念、方法和程序。常使用讲述、识别、标记、背诵、挑选、陈述、连线等动词描述
理解(领会)	理解层次的学习结果就是领会。这时学生不仅要记住，还要理解他们所学的知识	解释图表，根据数据估算未知结果，理解事实和原理。常使用分类、比较、区别、讨论、总结等动词描述
应用(运用)	学生能够运用所学的新知识。这需要更高水平的理解能力	构建图表，将概念和原理应用于新情况中，展示某方法或程序的正确用法。常使用考察、规划、实施、修改等动词描述
分析(分解)	学生在分析知识时，将其分解以便对整体和各个部分都能理解。这一层次的学习结果要求学生既能理解材料的内容，也能理解材料的结构形式	辨别出事实和推理，分析一项(艺术、音乐)作品的组织编排，评价数据的相关性。常使用分解、组合、比较、对照、辩论、图解等动词描述
综合(创造)	学生能够将已学的知识结合在一起组成新的知识。主要思路就是让学生创造出新事物	写出条理清晰的研究论文，设计实验来检验一种假设，设计一种新的知识系统。常使用组成、建造、创作、发明、构建、设计、规划等动词描述
评价(评估)	评估是认知领域里教育目标的最高层次，因为一个人要想评价事物，就必须调用其他层次的知识。评价不是随机的，而是要遵循一套标准的	评判某一逻辑的合理性、依据标准给书面作品评级、选出最合适的例子。常使用辩论、评估、检查、总结、检测、评判等动词描述

布鲁姆的分类法能够帮助教师拟定有效的教学目标。在拟定目标时，教师不仅要拟定包含那些能为学生提供基本知识的目标，还要确保包含能鼓励更高层次思维的目标。但这并不意味着，你要在每节课或每次活动中都包括高层次思维的教学目标，而是说，你要尽可能多地强调更高层次思维。反映各种学习结果的教学目标能更好地满足多样性学生群体的需求。

① 参见[美]凯·M. 普赖斯，卡娜·L. 纳尔逊：《有效教学设计：帮助每个学生都获得成功》，李文岩等译，25～27 页，北京，中国人民大学出版社，2016。

(二)选择教学方法

教学方法就是教学的组织形式和程序，教师和学生在教学方法的体制框架条件下，获得对自然和社会的真实的认识。形式上教学方法是交流、合作和将学习过程按时间分配的形式；内容上教学方法是为了将知识、能力和意义关联变为学习者所有。目前课堂教学常用的教学方法有如下几种。

1. 讲授式教学法

讲授式教学法是指在教学过程中，教师通过语言向学生叙述事实、描绘现象、解释概念、论证原理和阐明规律，帮助学生提高思想认识，发展学生智力和能力的一种课堂教学方法。作为一个古老而传统的教学方法，讲授式教学法一直在课堂中普遍采用。

2. 启发式教学法

启发式教学法是指教师在教学过程中根据教学任务和学习的客观规律，从学生的实际出发，采用多种方式，以启发学生的思维为核心，调动学生学习的主动性和积极性，帮助他们学会主动思考和准确表达。启发式教学法的关键在于设置问题情境。

3. PBL 教学法

PBL(Problem-Based Learning)教学法是在教师的引导下，以学生为中心，以问题为基础，采用小组讨论的形式，学生围绕问题独立收集资料，发现问题、解决问题，培养学生自主学习能力和创新能力的教学模式。通过学生分组讨论，对课题进行实践研究，学生自主学习，自主提出问题之后主动寻求答案，培养学生主动学习、团队合作、探索创新的综合能力。PBL 教学法的核心内容就是将学生作为教学过程的中心，把学生提出的问题作为教学基础，教师发挥的作用是在旁引导，在课堂上组成讨论小组让学生互动。这种教学方法相较于传统的授课方法要优化很多。

4. 任务驱动教学法

任务驱动教学法，指学生在教师的帮助下，紧紧围绕一个共同的任务，在强烈的问题动机的驱动下，通过对学习资源的积极主动应用，进行自主探索和互动协作的学习。“任务驱动”是一种建立在建构主义教学理论基础上的教学法。它要求“任务”的目标性和教学情境的创建，使学生带着真实的任务在探索中学习。在这个过程中，学生还会不断地获得成就感，可以更大地激发他们的求知欲望，逐步形成一个感知心智活动的良性循环，从而培养出独立探索、勇于开拓进取的自学能力。

5. 案例教学法

案例教学法是一种以案例为基础的教学法，案例教学是以能力培养为目标，以教学案例为载体，以个案分析为切入点，以学生分组讨论和观点分享为主要过程的教学方法。案例本质上是提出一种教育的两难情境，没有特定的解决之道，而教师于教学中扮演着设计者和激励者的角色，鼓励学生积极参与讨论。

6. 情境教学法

情境教学法是指在教学过程中，教师有目的地引入或创设具有一定情绪氛围、以形象为主体的生动具体的场景，使学生产生情感共鸣，继而产生学习兴趣的教学方法。既可以有效提高教学效率，产生理想的学习效果，又可以培养学生的自主学习意识。情境教学法的核心在于激发学生的情感。

7. 项目教学法

项目教学法是一种典型的以学生为主体的教学方式，该方法的核心工作是学生在教师的引导下，运用自身所学的知识去参与完成一个项目的全过程，该方法有助于提高学生的综合素养和组织协调能力，能激发学生的逻辑思维。可在很大程度上充分发挥学生学习的主动性，提高学生的学习兴趣，从而有助于提高学生的学习效率，能够使学生更加全面地理解课程知识，加深对知识的理解和记忆。

8. 小组合作教学法①

小组合作教学法是指学习者以小组为单位共同学习，以解决问题，完成任务和实现共同的目标。小组的构成方式有三种：学生选择、随机组合和教师选择。学生选择和随机组合两种方式建立的小组，会存在某些小组经验不足，兴趣爱好过于单一等情况。因此，我们推荐教师选择的小组。

(三)教学活动设计

教学活动设计是描述教师在课堂上具体要“做什么”以及“说什么”，以便帮助学生准备并完成一个活动。尽管活动类型不同，每个活动的具体内容也千差万别，但所有的活动设计都包含相同的基本要素。

1. 预设

预设要素能够帮助教师思考：当前的活动怎样与学习成果联系起来。

2. 活动的开端

活动的开端是为了让学生做好参与新活动并进行学习的准备。这个阶段教师不仅要为学生建立背景知识，还要激发他们的兴趣，调动他们参与的积极性。

3. 活动的过程

活动的过程是对“学生和教师在活动中将要做什么”的具体描述。通常情况下，教师可以设计系列问题，准备系列说明或解释，提供指令列表、成果样例、程序列表等。

4. 活动的结尾

活动的结尾旨在帮助学生组织所学的内容。教师要判定是否要复习关键的要点、是否要预习接下来的教学或活动的内容。教师也要思考是否要给学生提供总结、描述问题解决过程或展示创作成果的机会。

5. 活动设计复核

这部分的目的是融入关键的管理技巧，复核你所选择的教学活动是否合适并检查一致性。这个步骤能帮助教师完善活动设计。表 6.3 描述了每个活动设计各个要素通常包含的内容。

---

① 参见朱周贤、刘芳：《小组合作教学法在高职实用英语教学中的应用与探索》，载《重庆电力高等专科学校学报》，2011(2)。

表 6.3　活动设计的要素及内容

1. 预设
准备以下内容： 长期目标：编写活动的长期目标，根据活动以及课程标准、人才培养计划、所在行业的岗位要求、学生个性化教育的目标等制订 活动描述：简要描述活动本身 活动依据：描述该活动如何能帮助学生朝着长期目标迈进 前提技能或知识：描述成功进行活动的基础 关键的管理技巧：编写教师在活动中将要运用的关键的管理技巧，如如何布置教室和计划后勤事务
2. 活动的开端
准备以下内容： 吸引注意力：设计让学生知道你将如何引起他们的注意以及他们应如何做出回应 表达行为期待：设计你将如何向学生展示预期的行为并口头告诉他们 导入：导入是向学生展示该活动是怎样与之前的课、个人经验或先前知识联系起来的。也可用于建立背景知识。此外，导入还可以帮助激发学生的动机并使他们集中注意力
3. 活动的过程
准备以下内容： 描述你需要向学生传达的内容。根据活动的类型，你可能需要设计以下内容的一种或几种的综合：系列的问题、系列说明或解释、规则列表、程序列表、成果样例、指令列表 描述如何有效地与学生交流这些信息(运用关键教学技巧，包括视觉支持、检验理解、积极参与策略等) 描述将要用于预防行为问题的关键的管理技巧(如肯定恰当的行为、对学生行为的监督及管理过渡的过程)
4. 活动的结尾
描述如何结束活动。活动结尾可以包括全班复习、学生进行总结归纳、教师预览下一次的学习内容、学生展示作业或评价程序
5. 活动设计复核
教师从以下三方面进行活动设计的自我评价： 融入关键的管理技巧 复核教学干预的使用 评价一致性

(四)如何设计教学评价?

1. 教学评价认知

理查德·E. 梅耶认为，实施一项评价时，要设法描述学习结果(即知识)、学习过程(即建构知识的认知过程)和学习特征(即建构知识的能力)①。表 6.4 总结了这三项评价要素。

① 参见[美]理查德·E. 梅耶：《应用学习科学——心理学大师给教师的建议》，盛群力等译，93～95 页，北京，中国轻工业出版社，2016。

表 6.4　评价的三项要素

评价	描述	举例
学习结果	实施教学后学生学到了什么	写下评价的定义
学习过程	学生在教学过程中如何学习	对学生在学习过程中的脑力劳动从1(最低)到7(最高)进行等级评价
学习特征	实施教学前学生的状况如何	对学生的学习兴趣从1(最低)到7(最高)进行等级评价

评价在本质上是与教学相联系的，它可以用于三种教学功能：第一，教学前，学生的特点；第二，教学中，描述学生对教学的反应；第三，教学后，描述学生的知识掌握情况。最常用的评价功能是教学后评价学生的知识掌握情况。

教学前的评价也称为“预评价”，对了解学生的背景知识、兴趣以及学习能力是非常有用的。比如，模(数)电技术课开课之前，我们可以对学生进行预评价，了解其基础数电技术知识的掌握情况。

教学后的评价也称为“总结性评价”，在经过一段较长的时间后(比如一个完整的课程或者项目)，确定学生的学习情况。比如，智能控制课结束后，教师会安排一次考试，考试范围是整个课程所学的内容。记录该课程能够在多大程度上有助于学生学习智能控制，这样的考试成绩就能够提供学习反馈。教学后的评价还可以为改进下次教学提供建议，所以它也具有形成性评价的作用。

2. 教学评价的步骤①

一次系统的教学评价由下面以实践研究的过程模式为依据的六个步骤组成：明确目标、数据采集、数据加工、数据评价、数据解释、总结，如图 6.2。

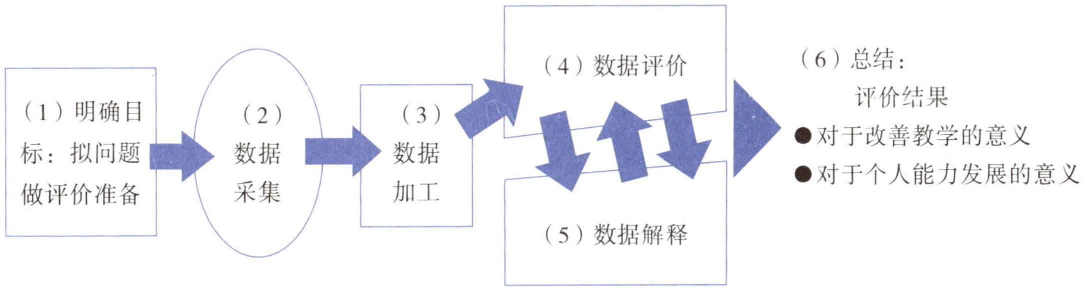

图 6.2　教学评价的六个步骤

(1)明确目标。在数据采集前要搞清楚你想了解什么。把“什么”转化为巧妙的提问。例如，这节课你觉得哪些需要保持？哪些需要改进？通过这种方式，学生共同肩负起教学结构化的责任。

(2)数据采集。数据采集有三种基本的工具类型：测验、量规和问卷。测验用于测量态度、成就。测验是提供一种常见的情境要求所有学生回应，提供一套常见的指示、评分规则评价学生的回应。量规是对学生作品或学生表现进行评分的规则，量规的典型形式是一份检查清单或一份等级量表。问卷

① 参见[德]希尔伯特·迈尔：《备课指南》，夏利群译，183～186页，上海，华东师范大学出版社，2011。

是用于获取观点、感受和兴趣方面数据的工具。当我们不能确认可能会得到哪些回应的时候，可以采用问卷的形式。

小贴士

每种数据采集工具的优点和不足示例

工具	优点	不足
标准化测验：在需要准确信息的时候采用	往往设计良好而且可靠，评价一个班级或个人表现的时候有可以对比的标准	往往不能准确测验究竟教了什么，成本很高，局限于所测验的内容
教师自编测验：一般在需要获取学业成就信息的时候采用	往往能够准确测验究竟教了什么，成本不高，可以在需要的时候随时编制	没有该班以外的标准可以参照，往往不太可靠
量规：在需要评价学生表现的质量时采用	在评价典型表现和最优表现的时候有帮助	不容易编制，有时候会受到观察者主观影响
检查清单：在确认表现中是否存在某些特征的时候采用	在将观察聚焦于关键要点或关键行为方面有帮助	只能测验是否存在某个特征或行为
等级量表：在判断表现的质量状况时采用	允许将观察数据用于定性和定量的判断	编制比较费时费力，如果太复杂，用起来会很不方便
问卷：在探寻感受、观点和兴趣的时候采用	使探寻活动重点突出，并帮助教师从每个学生身上获得同类信息	编制比较费时费力，很难打分，没有所谓正确或错误的答案，数据很难概括

（3）数据加工。我们可以把数据输入计算机。更简单的做法：对采集来的数据进行分类。为此你需要各种“篮子”，如“教师篮”“氛围篮”“教学内容篮”“方法篮”等。无法辨认或无效的数据放入“剔除篮”。

（4）数据评价。这时你按“篮子”来分析学生的意见建议。比如，你可以尝试解析出每个“篮子”的总体评价趋势。以“教师篮”为例，分析后得到总体评价“学生对我的课大体上满意”。也有可能你会发现自己之前一直错误估计了学生的兴趣，或者女生和男生对你的评价完全不同。除了了解总体印象外，也可以有针对性地寻找最强烈的反差。这有助于你为今后教学进行内部区分确定标准。

（5）数据解释。这是最复杂的一步。你必须决定学生的哪些评价和建议合理，哪些不合理。也许你对于“多数满意”这个评价感到满意。你要如何解释这个评价？答案是只能通过“相关系统”。第一个相关系统一般都是你个人对好课的看法，但是希尔伯特·迈尔建议，要有目的地选用其他相关系统。比如可以和指导教师讨论你的教学评价，这样可以综合两个人的意见。你也可以挑出学生的某一条评价，对照下面小贴士列出的好课的十大特征进行分析。

小贴士①

希尔伯特·迈尔“好课的十大特征”

①清晰的教学结构(过程清晰，目标明确，内容清楚；角色分明，确定规则和自由空间)。

②大量真正的学习时间(合理分配时间，守时；避免不必要的组织工作；每天的安排要有一定的节奏)。

③教学内容明确(任务设计明白易懂，监控学习过程，教学主题结构合理，确定成果要明确)。

④对学习成果有明确的期望(学习任务要以指导方针或教育标准为依据、符合学生能力，通过学习反馈促进学生继续进步)。

⑤方法多样(丰富的演绎技巧，多样的行为模式，变化的流程形式和学习地点，均衡采用各种教学基本形式)。

⑥有利于学习的课堂氛围(相互尊重，坚守规则，承担责任，保持公正，体现关心)。

⑦有意义的交流(学生参与教学设计，营造良好的谈话氛围，举行学生会议，鼓励学生记录学习日志，收集学生反馈)。

⑧促进个体发展(给学生自由空间、耐心和时间；既要对学生进行内部区分，又要促进班级融合；分析学生的个人学习情况，提供相应的帮助计划；对一些学生给予特别帮助)。

⑨聪明有效的练习(让学生了解学习策略，布置合适的练习任务，有针对地提供帮助，创造“有利于练习的”条件)。

⑩有准备的环境(秩序井然，设施功能到位，学习用具可正常使用)。

以希尔伯特·迈尔的特征表为基础，赫尔姆克提出一个类似的特征表，他和施拉德共同发表了一份“朗道观察表”。

■前两份观察表是专为传统的教学设计的。

■第三份观察表是为开放式教学如周计划学习、分阶段学习、自由学习和车间式学习等设计的。

观察表1　引导

特征		观察项	特征表现			
			完全符合	较符合	较不符合	不符合
①清晰的教学结构	1	明确告知学生计划中的教学过程				
	2	班级管理有序(提问、点名、分配任务等)				
	3	整个教学过程思路清晰				
	4	教师语言规范易懂				

① 参见[德]希尔伯特·迈尔：《备课指南》，夏利群译，189～195页，上海，华东师范大学出版社，2011。

续表

特征		观察项	特征表现			
			完全符合	较符合	较不符合	不符合
②大量真正的学习时间	5	课堂节奏适合学生的接受能力				
	6	有效利用现有时间				
	7	快速消除课堂干扰				
	8	下课后记录：时间安排是否合理或该调整				
③教学内容明确	9	清楚地说明学习任务				
	10	教师的专业知识正确无误				
	11	教师能有效处理学生的错误				
	12	教导学生把教学内容和已有知识联系起来(关联式学习)				
④对学习成果有明确的期望	13	教师以适当的方式与学生讨论期望取得的成绩				
	14	教师及时给予学生成绩反馈				
	15	采用各种形式的学习成果档案				
	16	课前或课后询问：教师是否遵循核心教学计划和教育标准				
⑤方法多样	17	学生具备足够多的方法				
	18	所用方法适合教学内容				
	19	熟练、正确地使用方法				
	20	教导学生对采用的方法进行反思				

观察表 2　促进

特征		观察项	特征表现			
			完全符合	较符合	较不符合	不符合
⑥有利于学习的课堂氛围	1	教师和学生相处的基调是相互尊重				
	2	遵守约法三章				
	3	噪声程度符合学习过程				
	4	教师就学习任务称赞和鼓励学生				
⑦有意义的交流	5	教师解释任务的意义				
	6	教师明显表现出关心学生兴趣				
	7	学生自发提出理解方面的问题				
	8	学生提出深入的、批判性的问题				
⑧促进个体发展	9	教师根据学生个人能力布置不同的学习任务				
	10	教师关心每个学生的发展				
	11	成绩好的学生可以从常规任务中解放出来，集中精力到自己的学习重点上				
	12	使有语言缺陷或其他障碍的学生得到帮助				

续表

特征		观察项	特征表现			
			完全符合	较符合	较不符合	不符合
⑨聪明有效的练习	13	只针对设有练习阶段的课：练习题符合本课的目标				
	14	练习材料设计吸引人且明白易懂				
	15	练习时间充裕				
	16	教师帮助学生找到适合他个人的学习策略				
⑩有准备的环境	17	教室布置赏心悦目				
	18	教室干净整洁				
	19	使用的教学媒体和材料充足且高质				
	20	照明、音效、通风良好				

观察表 3　在开放式课堂上独立学习

特征		观察项	特征表现			
			完全符合	较符合	较不符合	不符合
①有准备的环境	1	教室布置适合开放式学习（全体授课的空间、功能角）				
	2	根据学生的兴趣和学习能力区分的学习材料				
	3	遵守自主学习的规则				
	4	学生关心教室秩序				
②有利于学习的氛围	5	鼓励学生自主学习				
	6	学生在学习上相互帮助				
	7	在伙伴学习和小组学习时学生要注意不排斥冷落任何人				
	8	学生能容忍他人不同的学习速度和学习能力				
③任务明确	9	学生参与任务设计				
	10	学生能正确估计任务难度				
	11	学生自己制订符合自身能力水平的任务				
	12	学生充分地讨论自己的学习进程				
④能力导向	13	教师用足够的时间来观察学生				
	14	任务可以由不同能力等级的学生来解决				
	15	学生在培养社会能力和自我能力的过程中获得支持				
	16	课前或课后询问：教师是否根据能力等级来评价学生的学习成果				

续表

特征		观察项	特征表现			
			完全符合	较符合	较不符合	不符合
⑤自主学习	17	学生独立决定他想在什么时候、通过什么方式、和谁一起做什么				
	18	学生采用适合学习任务的学习策略				
	19	遇到问题，学生首先求助于同学，然后才求助于教师				
	20	学生独立检查学习成果				
⑥促进个体发展	21	学生相互帮助				
	22	有适合不同能力等级的学习材料				
	23	对需要特殊教育帮助的学生进行学习情况分析				
	24	在学习情况分析的基础上施行有针对性的帮助				

(6)结果。向学生进行反馈。比如，你可以在下堂课上逐一说明篮子里的综合意见和建议，并基于你的教学理念和行动空间表明你对这些建议的态度，最后和学生一起讨论具体的改进措施。

实际进行教学评价时，以上步骤顺序常常被打乱。

三、撰写教案

我们在撰写教案之前，需决定要教的具体内容，以及讲授的最佳方法。经验丰富的教师，在设计教学时往往想得多、写得少，倾向于用简单教案的偏多。然而，当讲授新内容时，他们也会写详细的教案。对于新教师来说，建议使用详细教案，即在每份教案中包括详细教案所描述的全部的基本要素，直到获得了必需的经验，才能简化书面设计。

(一)撰写简单教案

简单教案的模板如下：

教　案

学科：________________　日期：________________

班级：________________　授课内容：________________

教学目标：________________________________

____

学情分析：________________________________

____

教学内容分析(本课在整个教学单元里的地位和作用)：

____

____

教学过程：

教学环节及时间	教师活动及学生活动	教学组织形式＋教学媒体
引入 8：30—8：40	教师播放视频 学生对照视频回答问题	课堂教学 数字化媒体及资源
……		
……		
……		
……		

简单的教案适用于教师对教学主要环节进行简单分析，便于教师在短时间内明确如何教学。如果时间允许，一份详细的教案更能展现完整的教学设计，帮助教师更好地准备课堂教学。

（二）撰写详细教案

详细的教案模板如下：

<table>
<tr><td>课程名称</td><td colspan="3"></td><td>授课地点</td><td>实训室</td></tr>
<tr><td>授课内容</td><td colspan="3">即本教案的内容</td><td>授课课时</td><td>如 2 课时(90 分钟)</td></tr>
<tr><td>授课对象</td><td colspan="3">需写明×××级×××专业×××班</td><td>课程类型</td><td>理论/实践/理实一体</td></tr>
<tr><td>授课时间</td><td colspan="5">年　　月　　日</td></tr>
<tr><td>教学内容分析</td><td colspan="5">根据人才培养方案、课程标准的要求，结合行业标准、岗位要求等对教学内容进行分析。</td></tr>
<tr><td>学情分析</td><td colspan="5"></td></tr>
<tr><td>教学目标</td><td colspan="5">如知识目标、能力目标、素质目标……</td></tr>
<tr><td>教学重点</td><td colspan="3"></td><td>解决方法</td><td></td></tr>
<tr><td>教学难点</td><td colspan="3"></td><td>解决方法</td><td></td></tr>
<tr><td>教学方法</td><td colspan="5"></td></tr>
<tr><td>学习方法</td><td colspan="5"></td></tr>
<tr><td>教学环境</td><td colspan="5">对该教案涉及的教学环境进行描述</td></tr>
<tr><td>教学资源</td><td colspan="5"></td></tr>
<tr><td colspan="6">教学过程</td></tr>
<tr><td>教学环节及时间</td><td>教学内容</td><td>教师活动</td><td>学生活动</td><td>信息手段</td><td>设计意图</td></tr>
<tr><td>课前</td><td>课前学习作业、调研任务、成果汇报</td><td>教师活动和学生活动要一一对应</td><td></td><td></td><td></td></tr>
</table>

续表

课中环节一 ××分钟	1. 提出问题 2. 拆分问题	1. 引导展示 教师引导学生展示调研内容，体会展示结果，强调学习本任务的重要性 2. 驱动问题 明确学习任务，提出问题，请学生思考	1. 调研展示 各小组展示本组调研成果 2. 小组合作 在组长的组织下，进行数据的分析、讨论，并做好相关的记录 3. 对比汇总	希沃平台	学源于思、思源于疑，从学生想象力和生活中的类似产品导入，创设问题情境
课中环节二 ××分钟					
……					
课后					
考核评价	可用图文或者表格等形式对该教案部分的评价手段、评价方式等进行描述。这部分的评价最好能够借助一些信息化平台来实现，并且在教学过程中有所体现				
教学效果					
特色与创新					
反思与改进	课后撰写				

【教师评测卡】

教学设计能力　评测卡								
评价项目	评价指标	分值					自评得分	他评得分
		5 总是如此	4 常常如此	3 偶尔	2 很少	1 从不		
教学设计认知	我熟悉教学设计的相关理论							
	我知道教学设计的基本模型和主要环节							
	我熟悉教学设计的内容要素							
分析学情	我能够与同事交流来了解学情							
	我能够设计一个学前诊断测验来了解学情							
	我能够设计一个列表让学生自我评估，从而了解学情							
	我能够分析学生作业中的错误来了解学情							

续表

教学设计能力　评测卡								
评价项目	评价指标	分值					自评得分	他评得分
		5 总是如此	4 常常如此	3 偶尔	2 很少	1 从不		
制订教学目标	我知道如何通过四要素来制订可测量的教学目标							
	我知道一个有效教学目标的标准是什么，并能够基于此标准来衡量我所制订的教学目标							
	我知道布鲁姆认知领域目标分类法，并能利用该目标分类中的行为动词制订有效的教学目标							
选择教学方法	我知道常用的教学方法有什么，并能科学合理地选择教学方法							
设计教学活动	我知道教学活动设计的 5 个要素有什么，并能基于这 5 个要素设计常见教学活动							
	我知道编写活动设计的步骤							
设计教学评价	我知道评价的三种功能是什么，知道在课程设计时使用哪种评价功能							
	我知道进行评价前要做哪些准备，并在每次评价前都做好这些准备							
	我知道评价的步骤是什么，能按照这个步骤实施有效评价							
	我知道各种书面测验的优缺点，能够根据需要设计合适的书面测验							
撰写教案	我能够撰写简单教案							
	我能够撰写详细教案							
	我能够对课堂教学的成功之处、败笔之处、学生创新等进行反思记录							
等级	优	良	中		及格		不及格	
分数	90～100	80～89	70～79		60～69		60 以下	
评语								

第七章　教学实施

知识点总数	知识点完成数	评测卡总数	评测卡完成数	知识地图总数	知识地图完成数

知识地图

通过本章学习，职业院校教师应掌握以下内容：

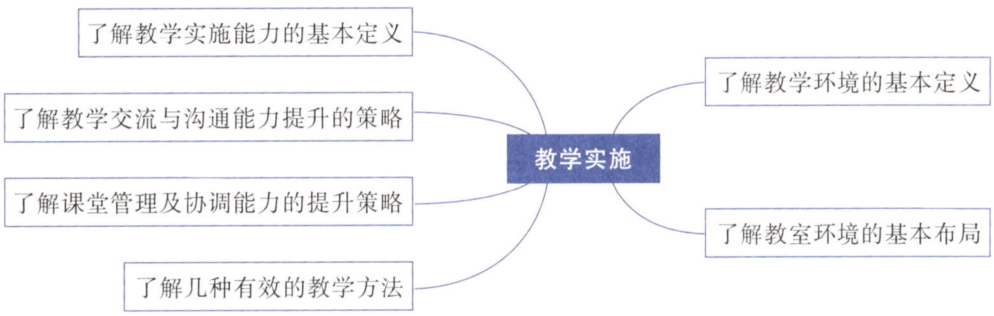

第一节　教学环境的组织与安排

一、教学环境界定

教学环境是一个由多种不同要素构成的复杂系统，广义的教学环境指影响学校教学活动的全部条件，它可以是物理环境和心理环境。狭义的教学环境指班级内影响教学的全部条件，包括班级规模、座位模式、班级气氛、师生关系等。

二、教室的布局

良好的教学环境会对学生产生积极影响。教师要关注能够掌控和调节的物理环境，如教室安排和教学设施的空间布置等。教师无法改变教室的大小或设备，但可以根据教学活动调整教室的布局。教师可以参考下面的清单，设计和布置教室。

教室布置核对清单

我设计的教室布置能让我看到所有的学生吗？
我设计的教室布置能让所有的学生看到整个教室（包括我、其他学生、黑板或其他材料等）吗？
我设计的教室布置能为学生把干扰物减到最少吗？
我设计的教室布置能让学生在不打扰他人的情况下走动吗？
我设计的教室布置与教学活动和教学方法相匹配吗？
我设计的座位安排能符合学生的个体需求吗？

教室的设计与布置应符合教师和学生的需求，契合教学的主题和内容，能够有效促进教学活动的开展。

（一）从教师自身角度设计布置教室

教室的设计和布置首先要考虑教师及班级管理者的需要，确保能看到所有的学生，以便观察他们的课堂反应及参与情况，通过眼神和肢体语言与每位学生进行交流。其次，合理布置教学设施，避免展示台或其他教学器材阻碍教师和学生的视线，便于教师走近每位学生，走到教室的各个角落，教师就可以提早预防或干预学生的行为问题。

(二)从学生角度设计教室布局

教师还应从学生角度设计教室布局，确保所有学生能看到教师、其他学生、黑板、屏幕以及其他教学设施。如果学生视线受阻，可能会失去学习机会。同时，教师要尽可能地消除主要的干扰物。如果学生在教室里走动，要确保不会影响其他的学生。此外，还需要考虑学生参考书、多媒体设备以及其他教学设备的摆放位置。

因此，适当调整教室布局，有助于学生集中注意力，还能帮助教师确保学生安全。

(三)依据教学方法设计教室布局

上课前教师要仔细审视教室布局，依据教学活动和教学方法做适当的调整。例如：

·课堂教学为讲授课时，应安排双人课桌，面向讲台，这样摆放课桌能够提高学生课堂参与度。

·课堂教学为讨论课时，应将课桌摆放成圆形或 U 形，学生在交谈时可以互相观察、广泛参与，从而发挥更好的教学效果。

·课堂教学中需要学生独立参加活动，把课桌分开摆放能够防止学生之间彼此干扰。

·小组合作教学时，将课桌分组摆放能够有效促进学习成员的互动。

·课桌的摆放不符合教学需要(例如：学生按照小组的形式坐在一起，而教学活动需要他们独立活动)，这对学生的自控能力提出较高要求，可能会超出他们的能力范围。

·课堂教学中采用多种教学方法，需要将课桌摆成多种形式，最好能选择一种容易转换的布置方式。例如：将两张桌子摆在一起，适合个人活动、同伴活动或小组合作。但一定要注意，应避免在讲课过程中移动大件设备，或多次改变课桌布置，浪费时间且影响正常教学秩序。任何教室布置都具有自身的优点和缺点，教师需要根据教学方法、学生特点和需求选择合适的布置。

第二节　教学实施能力的培养与提升

一、教学实施能力界定

教学实施是实现教学目标的中心阶段，教学实施策略的选择既要符合教学内容、教学目标的要求和教学对象的特点，又要考虑在特定教学环境中的必要性和可能性，为其他专业的课堂教学提供规范。教学实施能力主要包括教学交流与沟通能力、课堂管理及协调能力、指导及教学能力。

二、教学交流与沟通能力提升策略

(一)吸引学生注意力

注意力是指人的心理活动指向和集中于某种事物的能力，学生只有注意到一定的事物，才可能主动思考。在教学活动中，吸引学生的注意力，并且能让学生做出回应非常重要。

1. 吸引注意力的信号

吸引注意力的方式多种多样，教师应该根据学生的状态发出信号来吸引学生的注意力，可以是言语、视觉、声音，或者几种方式的结合，也可以是交互性或者传播性的信号。

采用何种方式吸引学生的注意力取决于教学情境中吸引注意的难度。如果在教室里，教师与学生面对面时，吸引学生注意力相对较为容易。但如果教学场所为户外或处在嘈杂的环境，或学生正在集中精力完成某项任务，吸引注意力的难度相对较大。

选择什么样的信号还将取决于你想以多快的速度吸引学生的注意。如果想快速引起学生的注意，那么需要使用足够醒目的信号。如果希望学生发表完自己的看法后再来注意你，那么可以选用较为平缓或传播性的信号。如果想让学生完成手头的任务以后再注意你，可以发出一个有时间限制的信号，如倒计时。

2. 学生对信号的回应

如果确定了要采用的信号，需确认学生对信号做出何种反应，使学生形成习惯性的反应。在每节课或每个活动开始阶段，告诉学生你将要使用的信号方式和你所希望的回应方式。

3. 运用吸引注意力的策略

教师发出信号，学生做出回应，这是吸引和维持学生的注意力的重要策略。以下是对教师发出信号的建议：

- 确保所处的位置能够看到全部的学生，并且学生都关注着你，此时发出信号最为有效。
- 发出信号后应保持沉默，无须重复提示或警告。
- 鼓励学生通过轻轻碰触或低声提示等方式互相提醒，以便学生们对信号做出更快的反应。
- 引起学生注意之前，不要展开下一个教学活动，直到吸引到所有学生的注意力。
- 面对学生的快速反应，要给他们肯定。
- 一旦吸引了学生的注意力，教师应迅速展开教学活动。

4. 挑战性班级与吸引注意力

如果班级学生普遍存在注意力不集中的情况，教师应尝试多种教学策略。可以在教学活动开始时多次复习和演练学生对信号的反应，预先矫正学生的不当行为。因为在教学的起始阶段，发出信号并肯定学生的快速回应，是对学生的鼓励和有效反馈。

快速集中注意力可以节省时间，教师提前完成教学任务，留给学生更多自主学习的时间。另外，要尽量让信号及其回应生动有趣。同时，教师还需考虑是否需要让信号更具有成年人的特征。教师要为挑战性班级设立快速回应的目标，如果班级提前完成回应，记得要给予一定的奖励。

(二)向学生表达行为期待

教师要表达出对学生积极行为的期待，从而起到预先矫正的效果，防止出现注意力不集中的现象。

1. 行为期待的选择

教师在课前应分析学生情况，思考并预判教学活动中可能发生的问题，确定采用何种方法或策略顺利展开教学活动，实现教学目标。思考采用哪些常规方法或具体的方法，如可以通过认真倾听来表示对说话者的尊重，可以确认学生使用哪些方法表达求助信号、提前完成任务的信号等，也可以指导学生使用社交技巧分享、接受反馈或有礼貌地表达不同意见等。这些预判的方法和策略都应在教学设计中体现出来。

2. 行为期待的表达

(1)教师可以使用肯定、直接、礼貌、积极的方式向学生表达出对他们行为的期待，以陈述句的形式表述。例如，可以说“请举手”，而不要说“别大声说话”。

(2)教师可以用明确的文字列出对学生的行为期待，放在教室显眼的地方，可以起到提醒学生的作用。

(3)教师应清楚地解释对学生的行为期待。教师可以通过解释、详细描述和举例等方法解释对学生行为的期待。

例如，“我想让每位同学都来参与这场活动。其中‘参与’是指通过倾听、交谈、书写或动手做来参与其中。”解释行为期待时，一定要具体。例如，应该说“同学们要认真倾听每一个小组的想法”而不是简单地说“要尊重他人”。同时，教师必要时可以检查学生的理解情况。

(4)教师应对新的或者难以理解行为期待的学生做出详细解释，解释程度视学生的理解情况而定。例如，在提到“认真倾听说话者”时，要让学生明白“听”不仅仅局限于“听”，还包括思考。

(5)如果对学生的行为期待有所变化，教师应指出具体的变化，确保学生能够理解，并且知道在不同的情境中应采用哪种方法或策略。

(6)必要时可以在具体活动展开前讲清楚对学生的行为期待。如果教师在教学活动的各个阶段布置了不同的任务，那么当教师发出指令后，应对各小组的行为逐一反馈和讲解。因此教师可以在发出指令后做出解释，而不是在教学活动的开始阶段就把全部的行为期待都告诉学生。

教师对学生行为的期待

教师讲课时，希望学生能够：

- 看着说话者，认真倾听
- 回答问题时要举手
- 提问时要举手
- 教师布置作业后，学生能够独立完成
- 坐在自己的位置上
- 需要帮助时请举手
- 提前完成作业的同学可以阅读

小组合作时，学生应该：

- 公平地轮流进行
- 互相鼓励
- 专心完成任务

3. 遵守对行为的期待

教学活动中教师应遵守对学生的行为期待，不能忽视已规定的要求，要保持一致性。例如，如果规定学生回答问题前先举手，那么对不举手就发言的学生不要给予回应。如果你不介意学生的这种行为，那么就不要做出类似的规定。认真监督学生，对遵守规定的学生给予肯定。

4. 采用多种方法表达行为期待

教师要采用多种方式表达对学生的行为期待。

(1)可以用肢体语言向学生展示，或口头介绍对他们的行为期待，讲明哪些行为不可取。

(2)书面介绍行为期待，用相应的图画进行提示。

(3)讲述规则或注意事项时，教师应注意术语的一致性。

(4)采用多种方法和策略表达行为期待，为帮助在课堂行为中存在问题的学生，教师可以：

· 利用微课，进行解释、展示及演练。

· 多花一些时间来阐明、复习相关行为期待并检查学生的理解情况。

· 制作一些海报，采用简洁的词汇或短语进行描述，以便于学生强化记忆。

· 鼓励学生自我管理。例如：发给学生一些留有空白的行为期待卡片，当他们遵循某一行为期待时，可以在空白处标记下来。

此外，要反思自己所设定的行为期待，在必要的时候适当调整。

(三)肯定学生

教师要关注学生的行为和课堂表现，必要时能够做出积极的反馈。当学生遵守规则，使用教师讲授过的方法和技巧，完成设定的目标时，应该对学生的表现做出积极回应。教师关注学生好的行为并对此做出反馈，可以强化学生的良好行为，减少不当行为，从而营造良好的班级氛围。

1. 对学生的良好行为要多加肯定

教师应该多关注学生良好的行为，少留意不良行为。有研究表明，教师对学生行为的肯定应该多于对不良行为的否定，两者至少要达到3∶1的比例。教师关注学生不良表现是对的，但教师对学生的肯定至少应是否定的三倍，对学生表示肯定的次数应取决于学习小组或学生的具体表现。只要学生的行为是可取的，值得肯定的，教师就应该多表扬。

2. 对学生的肯定要具体化

对学生的肯定要具体化，即教师能详细描述学生行为的可取之处。例如，当学生完成了作业，教师可以这样表示“你提前完成了作业，并且还读了一本书，这很好”，但“做得好”或者“你这么有责任心，我很高兴”等表达则是不具体的。所以教师应该多肯定学生的行为，而不是评价他们是什么样的人。以下是四种具体的肯定，仅供参考。

(1)具体描述学生的行为。

例如：“你毫不犹豫地向同学分享了自己的材料。”“每个人都很有礼貌地认真倾听了这位来宾的发言。”“你今天没有偷懒，接到任务后立刻就开始行动了。”要告诉学生你已经注意到他们所付出的努力，取得的成绩或进步。

(2)描述学生的行为并贴标签。

描述学生的行为，说明该行为符合哪个具体的规则和纪律要求。例如：“你认真地倾听了同学发表的观点，你遵守了尊重他人这个规则。”还可以直接引用行为期待中的原话：“我看到你们都看着我，你们很专心。”这种具体的描述和贴标签，能够促使学生认识到什么是正确的课堂行为，强化学生的良好行为。

(3)描述并称赞学生的行为。

在描述学生行为的同时对学生提出表扬。例如：“大家都能按时完成课前布置的任务，非常棒。”通过对学生行为的描述和肯定，让学生认识到教师对他们的行为满意。

(4)描述学生的行为并激发自我肯定。

通过描述学生的行为，强化学生的自我肯定。例如：“虽然你不赞同刚才那位同学的观点，但你很有礼貌地表达了自己的想法。那是很不容易的，你一定很高兴自己能这么做吧。”通过类似的表述，让学生认识到好的行为不是为了让别人满意，而是因为自己认可这种行为。

下面举例说明如何以四种不同方式对同一行为表达肯定。

方式	举例
描述	第二组的同学，你们每个人完成作业后都能自主阅读，而且不干扰别的同学
描述并贴标签	第二组的同学，你们完成作业后都在读书，没有干扰别的同学。这遵循了尊重他人这个行为期待
描述并称赞	很好，第二组的同学。完成作业后，你们都在看书，并且不干扰其他同学。做得好
描述并激发自我肯定	第二组的同学，完成作业后，你们都在读书，并且不打扰别人。我相信你们一定觉得自己表现很棒

3. 对学生的肯定要真诚

在肯定学生的行为时，要用鼓励和赞赏的语言和手势真诚地表达。

- 避免重复使用相同的表达，学生可能对“做得好”这样的话有“免疫力”了。
- 比起泛泛的表扬，学生更喜欢真诚地描述。例如，教师可以说“你写的文章很有吸引力，我已经迫不及待地想了解后面的情节了”，而不是“你写得很棒”。
- 在肯定学生的行为时，要身体力行。例如，走近这位学生，看着他的眼睛并叫出他的名字。

4. 对学生的肯定要公平

公平指的是要对所有的学生表示出肯定，但并不是对所有学生的同一个行为表示出肯定，也不是每个学生都能得到同样次数的肯定，而是应该关注学生的个体差异。每个学生都应该得到肯定，只是要考虑个体差异，对不同的学生采用不同的方式。

5. 肯定重要的行为

教师应该思考在生活、工作和学习中，哪些行为很重要。例如，可以多表扬独立、合作以及友善的行为等。

例如：

互动	合作	独立
帮助同学	让步	寻求帮助前重新看一遍指令
礼貌地接受搭档	贡献灵感/想法	承担责任而不是责怪他人
道歉	轮流	向同伴的强迫说不

续表

表达情感	活动	遵守规则
感到泄气时寻求帮助	马上着手去做	按时上课
平静地接受别人的否定	专心	快速回应
采用对话的手段	遇到困难仍坚持	快速做好转换

(四)课堂提问的设计

爱因斯坦曾说："提出问题往往比解决问题更重要。"在课堂教学中，提问是维系师生关系、传递教学内容的重要手段，也是激发学生求知欲、调动积极性、理解和应用知识的有效手段。因此，如何有效地设计课堂问题，是每个专业教师的必修课。英国学者麦克·格尔森(Mike Gershon)举例介绍了20种提出问题的方法和步骤。这些提问方式是通用的，适用于不同课程和不同年龄段的学生。下面表格即选取部分做示例。

序号	课堂提问活动	步骤和内容	延伸和扩展
1	交叉提问	(1)按照四人一组的标准给学生分组，每一组挑选一名交叉检查员。交叉检查员需要离开自己所在的小组，统一站在全班前面 (2)教师给每组学生分发不同的材料，材料的内容是关于同一主题的不同方面 (3)将所有的交叉检查员分两组，依次去每个小组，就已分发的材料提问，用笔记下他们得到的相关信息。参观完所有的小组后，交叉检查员回到自己原来的小组，分享所得到的信息。然后小组成员们一起思考这些信息，得出结论	(1)课堂活动要围绕一个主要的问题开展，学生要通过交叉提问和评估材料来回答这个问题 (2)当交叉检查员站在教室的前面，小组成员正在分析手中的材料时，交叉检查员有可能会没有事情做，为了使交叉检查员也参与课堂，教师可以让他们组成一组，共同讨论他们可能会问的问题，鼓励他们积极思考如何通过不同类型的问题引出不同的答案。此外，教师还可以要求学生根据某个明确的目的提出问题 (3)给每个小组分发书面指示，让交叉检查员和各个小组根据指示进行互动。例如，一个小组可能被要求只对某一特定类型的问题做出特定回答，这有利于督促交叉检查员在提问时，认真考虑他们所要问的问题
2	侦探检查员	(1)把全班分成三组，给每组分配一个数字(可以把数字设置成较大的字号，打印出来发给每个小组) (2)给每组提供些关于主题的信息(如果小组数量较多，可能会出现几个小组拿到相同材料的情况)，向全班学生说明如何进行这项活动：每个小组要找出整个故事的主线是什么，以及他们手中的信息是否与主线相符。学生们将扮演侦探，试着找到关于这个故事的所有细节	在小组相互提问阶段，学生需要注意三条规则： (1)小组轮流提问，一次提一个问题 (2)每个小组只能向另外的小组提五个问题 (3)小组之间不允许互相展示他们手中的材料，只允许回答被问到的问题

续表

序号	课堂提问活动	步骤和内容	延伸和扩展
2	侦探检查员	(3)每个小组首先熟悉自己手中的材料，然后再跟另一个小组配对，互相提问。如果学生们面对面坐着，中间放张桌子作为屏障，活动会更有趣。活动一直持续到各个小组之间都进行了互相提问。提问完成之后，学生们回到他们原来的座位，讨论他们的发现。教师应该补充一些问题来帮助学生找到主题，例如“主题是什么？如何将我们的信息和他人的信息联系起来？我们还需要找出什么？”。教师可以让每个小组向另外的小组再提问三个问题，让他们彼此交换信息 (4)给学生发一张表格，表格的列数与小组数目相同。让学生把小组编号写在每列的顶端，把他们得到的答案写在编号下面 (5)活动最后进行班级讨论。各个小组说出他们对主题的理解以及如何将信息联结起来，各个小组也可以解释一下他们手中的资料，最后对所提出的问题及其结果进行点评	
3	设计由易到难的问题	(1)把全班分成两组，这两组最终会互相对峙。对峙之前，每一组的学生两人或者三人结成一小组(视学生人数而定)，我们把这些小组称为小分组 (2)小分组要根据最近学习的主题出十道题。题目由易到难，从最简单的开始，逐渐增加难度。第十道题应该是所有问题中最难的 (3)给学生充分的时间出完题后，要让学生们重新布置教室，将桌子摆成一长排，桌子两边都放着椅子(如果学生人数较多，可以摆两排桌子)。然后，两大组学生分别坐在桌子的两边。教师把一组学生标记为“A”，另一组学生标记为“B” (4)请A组先提问。A组的学生向B组的学生提问十个问题。B组的学生回答问题。然后学生讨论回答是否正确，出题的学生纠正错误的答案。然后两组交换，B组的学生向A组的学生提问。完成之后，A组的成员重新与B组的成员配对。这个过程一直持续下去 (5)活动最后进行全班讨论。学生们一起分析遇到了什么困难。此外，也需要让出题的学生说一下他们是如何提出这些问题的以及为什么提出这些问题	(1)在一个单元的学习将要结束时，进行这项活动效果最好 (2)出题人必须能够回答上来自己出的题目。如果他们回答不上来，就不能提问该问题 (3)不要让学生的座位离得太近，这是因为坐在对面的学生可能在活动的第一阶段就听到了旁边小组的问题和答案

续表

序号	课堂提问活动	步骤和内容	延伸和扩展
4	哲学式提问	哲学被看作"思考中的思考"。在课堂上，哲学可以帮助学生分析某些概念和范畴，这些概念和范畴是思维赖以生存的土壤。除此之外，哲学还可以帮助学生探究知识的本质、思考道德问题等。哲学有五个主要的分支，大部分的学科都可以从这些分支中找到提问的依据。这五个分支是： (1)伦理学(对道德的研究——什么是对与错？我们如何分辨?) (2)认识论(研究知识的本质——我们能确定什么？我们怎样才能了解事物呢?) (3)形而上学(研究世界的本质——世界有什么？世界是什么样的?) (4)美学(研究美的本质和艺术——什么是艺术？是什么让事物变得美丽?) (5)政治哲学(研究政治、权威、正义等——正义是什么?) 作为一名教师，如果你熟悉这些哲学的分支，就会很容易抓住机会，利用课堂活动引导学生进行哲学思考	利用课堂活动引导学生进行哲学思考有三大好处： (1)可以让学生更深入地思考主题，这将有助于他们加深对主题的理解 (2)可以帮助学生厘清思路 (3)可以帮助学生批判性地思考他们所使用的概念和范畴，以及他们所提出的观点和论点
5	"20个问题"游戏	(1)指定一名学生负责记录学生提出的问题，我们在活动快结束时会用到这份记录 (2)指定一名学生负责记录学生给出的答案，这会帮助学生记住已经获得的信息 (3)鼓励被选中的学生选择与主题相关的更抽象或更深奥的事物，让其他学生来猜测，这会增加活动的难度 (4)在活动开始前，要先讨论一下，对这个游戏而言，什么是好问题。让学生认识到：如果能尽快缩小选择范围，成功的概率就会更高。可以跟学生讨论一下，哪些类型的问题可能会产生这种效果。活动的最后，你可以和全班同学一起探讨，什么时候或者在什么地方用哪些问题会取得最好的效果 (5)让游戏更具竞争性。可以把班级分成两组，教师在纸条上写下与主题相关的事物。从每一组中叫一个学生走到讲台，随机给他们一张纸条，他们的队友必须用最少的提问找出纸条上写的是什么，然后对方小组开始提问。如果教师不喊停，游戏就会一直进行下去。当游戏开始时，会有人记录提问的次数，问问题最少的队伍就是获胜的队伍。(给没猜出答案的小组适当的惩罚)	游戏的基本规则如下： 从小组或者全班中，选出一名学生想出一个与活动主题相关的事物，想好之后不要告诉任何人。教师也可以指定一个与活动主题相关的事物范围让这名学生从中选择。然后小组或全班准备好20个问题，他们需要用这些问题向该学生提问，从而找到与主题相关的事物是什么。这20个问题的措辞要恰当。只能通过"是"或"不是"来回答

(五)开展高效的课堂讨论

麦克·格尔森在《如何在课堂中使用讨论》一书中提出了高效课堂讨论活动，适用于所有学科和年级。下表中选取部分内容以示例。

序号	课堂活动	步骤和内容	延伸和扩展
1	滚雪球	这个活动的原理就类似于滚雪球，相似材料的累积由少到多。 首先，要求学生思考一个问题、观点陈述或者主题。允许他们记录一些自己的想法。然后让他们跟身边的人分享他们的想法。 这对新组成的二人小组讨论彼此的观点，对比彼此的笔记，寻找共同点，确定他们达成的共识。接着这个二人小组与另外两个人组成一个四人小组，重复刚才分享的过程。两对轮流分享他们的想法和笔记，包括他们达成的共识和分歧。 最后，教师把大家召集起来，不同的四人小组分别与全班同学一起分享他们的想法	(1)在学生进行独立思考时，让他们记下三个观点。在二人小组讨论分享观点时，可以把他们认同的观点删减成三个。在四人小组中，分享各自的三个观点，之后再进行删减，四人组必须要认同最重要的三点，这也是他们希望在全班讨论中展示的三点 (2)另一种方法是，从独立思考到3人一组合作，再到6人一组合作
2	圈坐型	先把教室布置好，所有的桌子都放到一边，椅子摆成一圈。学生、教师以及班级的其他辅助人员都坐下。围成圈坐体现一种平等，没有谁坐在开头或者前面，人人地位平等。因此，房间里的所有人都应该坐在这个圈里。 告诉学生每人都有机会在讨论中发言，分享自己的看法。你应该准备一些物品用来提示该轮到谁发言。将这个物品递到发言人手里，等到他说完之后再传给下一个人。最初，由教师决定每次这个物品给谁，等学生熟悉活动类型之后，他们就能够自己掌握发言的顺序了。 教师提出一个问题、一个观点或者一些启发开启讨论。要求学生进行思考，接着与旁边的人分享各自的观点。这时全组讨论开始，思想和观点在这个小圈子里任意流动	(1)指定一到两个学生负责发言的象征物品。由他们决定谁是下一个发言的人(仍然需要秉持公平原则)，并把物品传给他 (2)把这个圆圈一分为二，让每一部分分别讨论问题的不同方面。然后再回到整体讨论中来，并要求双方分享他们各自的发现
3	用卡片说话	这个活动是利用卡片鼓励学生讨论同一个主题的不同方面，最好是在双人组或者多人组内使用。如果在后者中使用，三四个人一组是最理想的。 制作一套卡片，每张卡片包含一个与你正在学习的主题相关的关键词、词组、问题或者观点陈述。完成卡片制作之后，复制几份，以供全班同学使用。 活动一开始，先要把学生分成小组，并给每组一套卡片。卡片面朝下摆放，每组选出一名学生负责管理卡片	(1)每次小讨论之后(将卡片所有书写内容覆盖)，请负责管理卡片的学生站起来重新选择搭档或者小组。之后，抽取新卡片重新开始讨论 (2)不管多么困难，都鼓励学生试着将讨论联系起来。建立持续的联系能使学生创造性地思考这个话题，深入分析他们讨论的各种事情

续表

序号	课堂活动	步骤和内容	延伸和扩展
3	用卡片说话	先给学生解释一下卡片的内容，然后根据教师的指示，负责卡片的学生翻开最上面的卡片（或者随机选择一张卡片），接着小组成员开始讨论这张卡片上的内容。每隔一段时间，教师就会示意抽取一张新卡片，然后再继续讨论新卡片上的主题。 另一种比较节省资源的方法是，教师只需要制作一套卡片，请一名学生随机选择一张卡片。教师把卡片上的内容读给学生们听，然后小组开始讨论，可以重复这个过程，直到讨论结束	
4	拼图活动	首先，要把全班同学分成很多4人小组，每组一份讲义。讲义上罗列4项任务或者4个问题，所有这些都与正在学习的主题相关。 每个小组都应该仔细浏览讲义上的内容并简单讨论。然后每个题目分配一个负责人，每人负责一项任务或者一个问题。分完之后，每个小组成员大约有5分钟来独立完成自己的项目。 规定时间结束之后，教师将小组解散，不同小组中负责同一个问题或者任务的学生重新组成小组。新的小组用10～15分钟讨论他们负责的问题或者任务，直到达成共识或者成功完成任务。 最后，教师会让原来的小组再次组合。这些小组中每组就有四个“专家”，可以详细解释他们的发现或者结果。通过这4个问题或者任务可以检验更广泛的主题，从而开展新的讨论，将不同的想法汇集起来	（1）将小组人数增加到5人，这对所有相关人员来说是个挑战，但也会让每个组员更专业。如果能够成功做好组织工作，那么更加专业化可能会使小组进一步深入理解整个主题 （2）最终讨论之后，让各个小组通过海报、报告或者展示的形式，通力合作记录他们思考和讨论的结果
5	金鱼缸	金鱼在玻璃鱼缸里游来游去，所有经过的人都可以一览无余。金鱼缸就是利用这一概念，并运用到讨论中，操作原理如下： 学生坐在两个同心圆里，我们将其称为内圈和外圈。引入一个主题、问题或者是观点陈述，作为讨论的基础。教师坐在内圈，与同样坐在内圈的学生开始讨论。坐在外圈的学生认真倾听并做笔记，记录内容包括：讨论的内容；讨论的方式。 足够时间之后，教师终止讨论。这时轮到坐在外圈的学生进行互动讨论。他们一直都在观察和倾听讨论过程，就好比是透过玻璃鱼缸看金鱼一样。这些学生现在应该讨论刚才内圈同学讨论过的内容以及讨论的方式。他们应该做出如下的表述： · 说明内圈同学做出评论的优缺点的原因。 · 明确讨论的方向并论证这样做是否有效，或者新的方向是否是更好的选择。 · 强调迄今为止没有得到关注的领域。	（1）学生两两合作。内圈学生与坐在他身后的外圈学生组成一组。当第一阶段讨论结束之后，两人组成一组，外圈学生向同伴进行反馈。讨论再次开始，这样内圈学生就可以利用刚刚同伴给他提供的反馈信息 （2）要求内圈学生对他们自己的讨论进行监督，或者由一个学生代表来完成此项任务。这样教师可以参加外圈学生的任务，认真倾听并观察内圈学生的讨论，同时做好记录，以便对内圈学生的讨论进行反馈

续表

序号	课堂活动	步骤和内容	延伸和扩展
5	金鱼缸	• 分析讨论的优缺点。 • 提出改进讨论的方法。 外圈补充讨论结束之后，教师可以请内圈和外圈学生互换位置，之后再重新开始新的讨论。或者，内圈和外圈学生位置保持不变，内圈开始新的讨论，并且回应外圈学生刚刚做出的评论	
6	便签对话	这种讨论既有非语言因素又有语言因素，需要有足够的便签供全班学生使用。（理想状态是每个人可以有 2～5 个便签） 首先要向学生介绍讨论的主题。并解释这门学科重要的原因。 以下三种做法可以任选其一： • 把两三个与主题相关的问题或者观点陈述投影到或者写到白板上。 • 在教室里分发三四张大幅纸张。每张纸上都要写上一个与主题相关的问题或者观点陈述。 • 如上所述，只不过这次不是把纸分发给学生，而是贴在教室的墙上。 然后，给每个学生发几张便签，让他们思考提出的问题和观点。 他们在便签上写下回答，然后贴在白板上，或者是贴在分发的白纸上。学生做完这些之后，请他们认真阅读同学们写的各种各样的回答，告诉学生如果他们觉得有的回答非常有趣的话，也可以把自己的看法写下来，贴在原来的回答的下面。 请同学们回到各自的座位上。如果你选择使用白纸粘贴便签的方法，把班级分成 3～4 组，每组发张白纸，请这几个小组从中选出他们认为最有趣的 3 张便签。请他们分享一下最后确定的便签，利用学生读的评论来启发讨论。 如果你选择使用白板的方法，你应该自己找出一系列有趣的评论，然后依次读出来，每条评论都可以开启讨论。 开启讨论的一个比较好的方法是请这些有趣评论的作者解释想法以及做出这些评论的原因	（1）如果观点陈述和问题是写在白板上，学生需要把他们写的评论贴在白板上，之后再回去坐好的话，你可以邀请几组学生来到前面，选择并带走他们喜欢的比较有意思的评论（而非他们自己写的）。当每个学生都选好之后，教师请一个志愿者读一读他选的评论并解释这条评论有趣的理由，然后开始讨论 （2）把便签收起来，洗牌，并重新分发给全班学生。然后学生阅读他们拿到的便签，并与他旁边的学生进行讨论，经由教师许可，可以开始全班讨论
7	正式辩论	正式辩论是一种高度程序化、轮流发言的讨论，参与者受到规则约束，以达到一种竞争性、对抗性的活动形式。 一场正式的辩论可以采用许多不同的方式。这里展示的是一种标准变异的方法。	（1）给听众提供同伴评价表，表格包括一系列的类别，如论点的力度、陈述的质量以及语言的使用。要求每个学生从正反两方选出两名发言人，并评价他们的表现。重点强调应该进行积极点评而不是建设性的批评

续表

序号	课堂活动	步骤和内容	延伸和扩展
7	正式辩论	首先提出一个辩题。然后两队分为正方和反方，正方支持赞同这个辩题，反方反对同一个辩题。每一队派出3名辩手，各自的责任如下： 提议者(一辩)：提出本方的主要论点，为辩题进行论证陈述。 二辩：补充说明一辩的陈词，同时也驳斥对方提出的论点。 总结者(三辩)：总结本方观点和立场，反驳对方的论点。 给两队队员时间进行论点准备，明确各自的角色。没有安排角色的团队成员需要帮助开发本方的论点，以及思考设计在演讲结束时给反方提出的问题。 房间布置如下： 一张桌子配一把椅子放在教室前面，这是给主持辩论的人(一般来说是教师)准备的。这张桌子的两边分别摆放1张桌子配3把椅子，供双方队员就座。其余的椅子面向主持人的桌子摆成几排，给班里的其他同学坐，这些同学是观众。 辩论的程序安排如下： 辩论从正方开始。提议者(一辩)就本方观点陈述3分钟，然后是对方的提议者(一辩)陈述。正方二辩和反方二辩各自陈述两分钟。接着正方总结者(三辩)有90秒进行总结，然后是对方总结者(三辩)总结。最后，主持人将辩论公开，观众可以向双方队员进行提问。可以允许3个队员回答3个问题。辩论结束时，要么是由观众投票决定胜者，要么是辩论主持人决定胜者	(2)要求学生即兴演讲而不是仅仅背诵陈述

三、课堂管理及协调能力提升策略

(一)建立良好的师生关系

处于青春期的学生往往有很强的自尊心和表现欲。他们需要机会来展示自己的特长和优势，从而得到师生的肯定。教师要及时关注和关爱学生，了解学生的想法，让学生感受到教师的关心、尊重和信任。客观评价学生在课堂上的行为表现，正确进行引导和鼓励，学生便会与教师进行沟通交流。这种积极的师生关系一经形成，学生便会积极主动地参与课堂教学。

(二)制定课堂管理制度

学校应制订一套课堂管理制度，通过制度规范学生的各种行为，使学生明确学习的要求，将精力投入日常学习中，使学生由过去的“要我学”变成“我要学”真正实现教与学的有机融合，促进学风转变。

教师引导学生培养课堂学习的自觉性，和学生共同制订课堂管理制度，明确告诉学生在课堂上“应该做什么”，让学生知道哪些行为是教师所期待的。课堂管理制度教师和学生共同遵守。

（三）提高课堂教学质量

1. 教学方法多样化

鉴于高职院校学生的特点，若想要提高课堂教学质量，将学生的注意力转移到课堂上来，教师应该采用信息化手段，使课堂教学变得生动有趣，把晦涩难懂的专业知识以一种轻松有趣的方式传授给学生。例如，采用线上线下混合式教学、案例教学法、任务驱动教学法、翻转课堂、在线课程等，最大限度地提升课堂的学习气氛，激发学生的学习积极性。

教师要不断提高自身素养，潜心研究教学方法，努力提高教学水平，改变以教师为中心，不采用“满堂灌”“填鸭式”的教育方式。将 PBL 教学法、任务驱动式教学法等引入课堂，这些新方法往往以学生自主学习为中心，大大提高学生参与课堂教学的积极性和主动性。教师还要在空余时间及时进行“充电”，学习多媒体技术，在传统 PPT 课件的基础之上，教师根据教学内容和特点制作微课等供学生学习观看，方便学生课上课下的学习。

2. 教学内容具有时代性

教学内容往往依据教材进行选择，课堂教学的内容应该符合学生的特点。教师应及时掌握专业领域中的新技术、新工艺，了解未来的专业需求，将这些内容融合到课堂教学当中。教师在教学内容上根据学生专业特点和基础知识等实际情况，精简理论课程内容，将理论内容限制在“够用”范围内，加大实验实训课的比例，对学生必需的知识“削枝强干”，要求学生能理解、会应用，对“必需”的理论教学采用“加强、补充、提高”的方法。同时将课程教学内容与执业资格考试有机结合，提高学生学习自觉性。

（四）改革考试评价方案

对于学生期末考试，根据课程特点和作用，我们将课程分为考试课和考查课两类。考试课由学校在学期结束后统一安排，考试成绩采用平时成绩和试卷成绩相结合。平时成绩占 20%，试卷成绩占 80%。考查课由各系部院自行组织考试，平时成绩占 40%，试卷成绩占 60%。平时成绩由任课教师根据本学期学生出勤情况、作业完成情况、课堂发言情况进行量化评分。

（五）积极引导学生

教师可引导学生积极参与课堂来培养学生积极向上的品格。教师可以通过问题的方式，引导学生积极主动地思考；每周安排一名学生讲解时代热点问题，使学生能够独立思考、善于表达自己的观点。在布置作业时可考虑开放式作业。教师可以让学生准备一堂课，将课堂交给学生，将学生变为教师，教师对学生的表现进行评价和指导，提高学生的综合素质。

四、有效的教学方法及策略

（一）项目教学法

1. 项目教学法的定义

项目教学法是指制订、指导有实际意义的项目与计划，组织学生自主设计项目实施计划，进行自主学习、践行、操作，以培养学习能力、方法能力、社会能力与提高素质为目标的教学模式。

2. 项目教学法的基本环节

(1)分析教学内容，确定项目任务。

①所选项目应紧扣教学大纲和教学目标。

②项目的难易程度应适合学生。

③项目应具有一定的实用价值。

(2)项目教学准备期。

①教师的准备：首先，应对项目任务进行分析和研究，查阅资料，收集相关的知识及案例，了解所选企业相关情形和背景状况；其次，制订好项目工作计划和项目活动评价表等；最后要向学生做简要的实施动员，向学生说明项目的意义与作用，激发学生完成项目的兴趣。

②学生的准备：项目教学法是以学生为主体的开放式教学方式，学生必须认真对待，提前阅读教材，做好知识准备，获取相关企业资料，为进入企业做好准备工作。

(3)项目实施阶段。

第一步就是对学生进行分组，建立合作学习小组，也就是项目开发小组。第二步是按计划完成项目。

(4)项目成果的评价。

评价应体现公平、公正、公开的原则，应采取学生自评、互评和教师总评的方式。评价还应结合不同项目的特点，从“知识与技能”“过程与方法”“情感态度和价值观”三个方面，将项目评价和学生个人评价有机结合。

(二)行为导向教学法

1. 行为导向教学法的定义

行为导向是一种基于实际工作的教学方法，是以活动为导向，以人的发展为本位的全面提高学生的综合能力的职业教学方法。

2. 运用行为导向教学法的要求

(1)根据专业、课程及课型选择不同的教法。

行为导向作为一种教学思想，实际上包括模拟教学、案例教学、项目教学和角色扮演等多种教学方法。教师应该根据专业、课程、课型以及训练目标的不同而选择不同的教学方法。

(2)正确处理教师与学生的关系。

在行为导向教学中，学生是学习的主体，教师只起引导的作用。行为导向教学法在教学时间分配上，教师讲授的时间一般不超过30%，70%以上的时间是学生在教师引导下完成学习任务。

(3)树立“用教材”的教学思想。

“用教材”要求教师对现有教材进行处理，除了根据新知识、新工艺、新技术要求对教材内容及时进行适当增删外，在教学设计时还要具体对每个模块的内容进行处理，以应用为目标，根据行为导向教学法的要求，打破教材体系，按照“提出问题—解决问题—归纳分析”的思路，重新设计教学步骤和教学方法。

(4)教师要转变教学风格，做“主持人”。

①当好“主持人”的工作原则。

②要培养学生独立工作的能力。

③关注学生的优点，少讲不足。

(5)让学生以团队的形式进行学习。

①教师要为学生组织和编制好小组，建立以学生为中心的教学组织。

②让学生在自主学习过程中学会学习。

③不断地让学生学会使用展示技术来展示自己的学习成果。

(6)按照职业活动的要求组织好教学内容。

把与活动有关的知识、技能组合在一起让学生进行学习；教学要编制好教学计划；明确教学要求、安排好教学程序；要事先确定通过哪些主题来实现教学目标。

(三)案例教学法

1. 案例教学法的定义

案例教学是一种运用典型案例，将真实生活引入学习之中；模仿真实生活中的职业情境，创作“剧情说明书”用来做详细的检查、分析和理解；帮助学习者像从业人员那样思考和行动的教学方法。

2. 案例教学法的基本环节

(1)课前准备。

教师要做好充分扎实的课前准备，灵活地运用教学技巧来组织、引导案例教学。

(2)明确教学目标。

教学目标可分解，既要通过案例解决相应问题，又要反映出学生解决问题时所显现的能力水平；既要考虑到学生的学习能力、态度的改变，又要考虑学生自身的条件和状况。

(3)选择教学案例。

案例是实施案例教学的前提条件之一。因此，在明确教学目标的基础上，要选择适度、适用的教学案例。所选的案例既要与教学目标相吻合，又要是教师自己能把握得了、学生易于接受和认同的案例。

(4)营造良好的学习环境和氛围。

在课堂策略上采取使学习者经验共享的方式：让知道者告诉不知道者，让不同经验得到交流，使学生通过学习能充分分享各种信息，尊重和发扬学生的学习风格，使学生真正感到他们是课堂的主体，是学习的主人。

(四)任务驱动教学法

1. 任务驱动教学法的定义

任务驱动教学法是一种建立在建构主义学习理论基础上的教学法，它将以往以传授知识为主的传统教学理念，转变为以解决问题、完成任务为主的多维互动式的教学理念；将再现式教学转变为探究式学习，使学生处于积极的学习状态，每一名学生都能根据自己对当前问题的理解，运用共有的知识和自己特有的经验提出方案、解决问题。

2. 任务驱动教学法的基本环节

(1)创设情境。

需要创设与当前学习主题相关的、尽可能真实的学习情境，引导学习者带着真实的“任务”进入学习情境，使学习更加直观。

(2)确定问题(任务)。

在创设的情境下，选择与当前学习主题密切相关的真实事件或问题(任务)作为学习的中心内容，让学生面对一个需要立即解决的现实问题。

(3)自主学习、协作学习。

教师不直接告诉学生应当如何去解决问题，而是向学生提供解决问题的线索，鼓励学生之间讨论和交流，通过不同观点的交锋，补充、修正学生对问题的解决方案。

(4)效果评价。

主要包括两方面内容，一方面是对学生完成问题解决方案的过程和结果的评价，即所学知识的意义建构的评价；另一方面是对学生自主学习及协作学习能力的评价。

3. 任务驱动教学法的要求

(1)全面了解学生。

(2)任务设计的目标明确，编排合理。

(3)任务的实践性要强，要真实自然。

(4)任务设计要情境化、生活化。

(5)任务设计要注重培养学生的创新能力。

(6)任务要分层次。

(7)合理安排课堂时间。

(五)合作学习教学法

1. 合作学习教学法的特点

合作学习是一种教学形式，它要求 2～6 名学生组成若干学习小组，学生在学习小组中一起学习，共同完成教师分配的学习任务。

2. 合作学习教学法的基本环节

(1)分配任务。

教师对全班进行引导教学，说明教学的目标与学习的任务。

(2)进行分组。

依据教材内容、任务的复杂程度等因素决定组别数量及各组人数。通常每组的人数在 6 个人以下，讨论的效果比较理想。

(3)小组学习活动。

在小组学习当中，包括角色分配以及依教学目标进行学习与讨论。角色分配主要分为支持工作角色与学习工作角色二类。

(4)小组报告和师生讨论。

小组必须向教师及其他小组汇报小组活动成果，可以针对学习情形及活动结果，讨论在小组合作的过程中所遭遇的问题、心得体会，以及如何改进和提高合作效果。

(5)表扬小组学习成就。

表扬学习成就可以激励学生的学习，更能激发小组成员的荣誉感和成就感。

(六)问题教学法

1. 问题教学法的定义

问题教学法是指在教学中从学生的认知规律和实际出发，科学地设计问题，巧妙地提出问题，通过师生的互动，使学生敢于和善于提问，理论联系实际，围绕教材而又不拘泥于教材，解决学生认识上的错误和模糊观点，然后得出正确结论的教学方法。

2. 问题教学法的基本环节

(1)感知教材内容。

首先，教会学生看书的方法，要由面到点，再由点到面，明确主次关系。其次，引导学生处理和把握教材，学会自学。最后，就是学生完成对教材内容的从感性认识到理性认识的升华，结合自己的经验主动地学习。

(2)鼓励学生提问。

提出问题，或者从新的角度去思考问题，往往会有新的发现和突破。教学中，为帮助学生有效地增强问题意识，克服思维障碍，教师可设计一张“学思问”表格。

(3)通过问题授课。

①对于多数学生有兴趣且有现实意义的问题，可用全班共同讨论的方式。

②对于部分学生有兴趣且有一定讨论价值的问题，可用分小组讨论的方式。

③对有一定难度的问题，或是学生的知识结构之外的问题，就需要教师来解答。

④对于有些学生认识上比较偏激或极端的问题，一般采用个别解答的方式。

(4)深入研究问题。

认真分析学生的问题，有利于教师把握学生的心理特点和思想动态，为课堂教学提供丰富而生动的素材。

(七)情境教学法

1. 情境教学法的定义

情境教学法是指把教材中的场景再现于课堂上。通过教师的引导，让学生置身于情境当中，调动学生的想象力、思维和感受，再经过教师巧妙设问，使学生达到预期教育效果的教学手段。

2. 情境教学法的基本环节

(1)选择案例。

首先，所选案例要同学生所学内容相接近。其次，案例要力求简洁，使之能在上课时间内完成。最后，案例应当不下定论，这可使学生根据自己对案例的理解提出自己的见解，锻炼他们分析问题、解决问题的能力，有利于学生之间的相互学习。

(2)课外准备。

首先，根据教学班的情况将学生分为3～4个模拟演练小组。其次，各组要在组长的领导下深入分析案例，安排本组活动的各个步骤。

（3）课堂演练和答疑。

当各小组经过一段时间的准备之后，就可以按照事先的安排进行正式的模拟演练。每组演练结束后，其他小组和教师均可质疑其演练内容和提出的方案，演练小组答疑，双方都充分发表自己的见解和观点。

（4）分析总结。

首先，各演练小组要介绍、分析和总结本组的演练，以便相互了解。其次，教师要深入分析案例，对各演练小组的方案和演练内容进行总评，尤其要找出学生在演练过程中的闪光点和创新之处，及时予以鼓励和表扬。

【教师评测卡】

<table>
<tr><th colspan="9">教学实施能力　评测卡</th></tr>
<tr><th rowspan="2">评价项目</th><th rowspan="2">评价指标</th><th colspan="5">分值</th><th rowspan="2">自评得分</th><th rowspan="2">他评得分</th></tr>
<tr><th>5
总是如此</th><th>4
常常如此</th><th>3
偶尔</th><th>2
很少</th><th>1
从不</th></tr>
<tr><td rowspan="3">教学环境组织安排</td><td>我对教学环境的概念定义十分明确</td><td></td><td></td><td></td><td></td><td></td><td></td><td></td></tr>
<tr><td>我对教室布局的方式方法掌握透彻</td><td></td><td></td><td></td><td></td><td></td><td></td><td></td></tr>
<tr><td>我能够较好地把控整体教学环境</td><td></td><td></td><td></td><td></td><td></td><td></td><td></td></tr>
<tr><td rowspan="4">教学实施能力培养提升</td><td>我对教学实施的概念界定十分明确</td><td></td><td></td><td></td><td></td><td></td><td></td><td></td></tr>
<tr><td>我充分掌握了教学交流与沟通策略</td><td></td><td></td><td></td><td></td><td></td><td></td><td></td></tr>
<tr><td>我能够较好地管理并协调课堂秩序</td><td></td><td></td><td></td><td></td><td></td><td></td><td></td></tr>
<tr><td>我能够熟练掌握有效的教学方法并应用</td><td></td><td></td><td></td><td></td><td></td><td></td><td></td></tr>
<tr><td>等级</td><td>优</td><td colspan="2">良</td><td colspan="2">中</td><td colspan="2">及格</td><td>不及格</td></tr>
<tr><td>分数</td><td>30～35</td><td colspan="2">25～29</td><td colspan="2">20～24</td><td colspan="2">15～19</td><td>15 分以下</td></tr>
<tr><td>评语</td><td colspan="8"></td></tr>
</table>

第八章　教学反思及能力培养

知识点总数	知识点完成数	评测卡总数	评测卡完成数	知识地图总数	知识地图完成数

知识地图

通过本章学习，职业院校教师应掌握以下内容：

第一节　初识教学反思

一、教学反思的内涵

教学反思是指教师对教育教学实践的再认识、再思考，以此来总结经验教训，进一步提高教育教学水平。教学反思一直以来是教师提高个人业务水平的一种有效手段。

教师通过教育案例、教育故事、教育心得，对整个教学过程和教学效果进行分析性反思，反思自己的工作能力、工作方式，反思自己有关教师职业的价值观和态度，在教育实践中反观自己的得失，进而提高教学反思的质量。

二、教学反思的类型

依据反思方向来分，可以分为纵向反思和横向反思。纵向反思是指把自己的教学实践作为一个认识对象放在教学过程中进行思考和梳理。同时不断地获取学生的反馈意见，把它作为另一个认识对象进行分析，最后把两个具体的认识对象结合在一起思考。横向反思是指跳出自我反思，就是经常地开展听课交流，研究别人的教学长处；通过比较，找出理念上的差距，解析手段、方法上的差异，从而提升自己。

依据教学监控对象来分，教学反思可以分为自我指向型反思和任务指向型反思。自我指向型反思是指教师以自己的教学观念、教学兴趣、动机、情绪等心理因素为反思内容，以实现调节自我教学实践行为目标的反思。在这种反思类型中，教师是以自己为研究对象展开认知探究过程。任务指向型反思是指教师以教学目标、教学任务、教学材料、教学方法等因素为反思的内容，以改进教学实践行为为目标的反思。

依据反思者群体来分，教学反思可以分为自我反思和集体反思。自我反思又被称为个体反思，即反思者以自我内省为基本形式的反思活动。集体反思是指反思者与外部进行持续而系统的专业对话，逐渐形成反思共同体的反思活动。

三、教学反思的过程

教师反思经历“具体经验—观察与分析—重新概括—积极的验证”四个环节。

具体经验：该环节的任务是使教师意识到问题，明确问题情境。

观察与分析：该环节教师将广泛收集并分析有关的经验，特别是关于自己活动的信息，以批判的眼光反观自身，包括自己的思想、行为、信念、价值观、目的、态度和情感。在获得一定的信息之后，教师要对它们进行分析，弄清驱动教学活动的各种思想观点是什么，它们与自己所倡导的理论是否一致、自己的行为与预期结果是否一致等，从而明确问题的根源所在。经过分析，教师会对问题形成更明确的认识。

重新概括：此环节将在观察分析的基础上，教师反思旧经验，积极寻找新思想与新策略解决面临的问题。

积极的验证：这时要检验上环节所形成的概括的行动和假设。在检验的过程中，教师会遇到新的具体经验，从而又进入具体经验环节，开始新的过程。

在以上四个环节中，反思最集中地体现在观察与分析环节，但它需要和其他环节结合起来才能更好地发挥作用。在反思活动中，以上四个环节往往前后交错，界限不甚分明。

四、教学反思的内容

教学反思包括教学前反思、教学中反思、教学后反思。

(一)教学前反思

在备课时，教师应认真分析教材、学生，通过教学前反思，准备符合班级情况、学生情况的个性化教案。教学前反思具有前瞻性，能使教学成为一种自觉的实践，有效地提高教师的教学预测和分析能力。

教学前反思包含反思学生的需要和满足这些需要的具体目标，以及实现这些目标的教学模式和教学策略。还要针对本学科、本册教材、本单元、本课时列出反思的关键项目。如：需要教给学生哪些关键概念、结论和事实；确定教学重点难点；教学内容的深度和范围对学生是否适度；哪些活动设计有助于达到教学目标；教学内容的呈现方式是否符合学生的年龄和心理特征；哪些学生需要特别关注；哪些条件会影响教学的效果……

(二)教学中反思

教学中反思是教师在教学过程中，对不可预料情况的反思以及教师在和学生互动中，根据学生的学习反馈，调整教学计划。发生不可预料情况时，教师要善于抓住有利于实施教学计划的因素，因势利导。根据学生反馈修改和调整教学计划要适当，不可大修大改。

一节课的成功关键是在课堂的实施过程中，教师自如地应对变化和调整自身的教学行为。教师应该反思：强调学生发挥主体性的同时是否淡化了教师的主导作用？是否及时对学生的提问和回答进行了规范性引导？是否针对学生的问题将学习活动及时引向深入？是否对学生未涉及的重要问题进行了有意提问，根据学生的理解情况给予必要的点拨？是否在学生交流互动过程中教给他们倾听的方法？

对学生的评价是否起到了鼓励和示范作用？教学中是否注意了“留空”？

（三）教学后反思

教学之后的反思具有批判性，能使教学经验理论化，有助于提高教师的教学总结和评价能力。不仅教师自己教后需要反思，而且关键是要引导学生学会反思。

教学后反思围绕教学内容、教学过程、教学策略进行。

第一，教学内容方面。确定教学目标的适用性；判断实现目标所采取的教学策略是否恰当。

第二，教学过程方面。回忆教学是怎样进行的；反思教学目标是否达到预期的教学效果；反思教学理论是否符合教与学的基本规律；对学生的评价与反思、学生是否达到了预定目标；反思执行教学计划情况：改变计划的原因是什么、方法是否有效，采用别的活动和方法是否更有效；反思教学计划怎样修改会更有效。

第三，教学策略方面。感知环节：教师要意识到教学中存在的问题与自己密切相关；理解环节：教师要比较自己的教学活动与倡导的理论，期望与行为结果，明确问题根源；重组环节：教师要重审教学思路，寻求新策略；验证环节：检验新思想、新策略、新方案是否更有效，形成新感知，发现新问题。

五、教学反思的具体方法

教学反思的具体方法有：写教学反思日记、详细描述、实际讨论、行动研究。在这里详细说一下如何写教学反思日记。

（一）教学反思日记的内涵

教学反思日记是对教育教学工作的总结与规划，它既包括对自己工作的总结，也包括分析教学工作甚至自身教育理念中出现的问题，积极寻求解决的对策。教学反思日记没有固定的写作内容。写教学反思日记须做到“有感而发，有感而记”。

（二）写教学反思日记前的思考

教师在写教学反思日记之前，应着重思考：我在教学之前的计划或期望是什么？实际的教学情境如何？期望与实际效果之间是否存在差距？为什么存在差距？

以上问题可以细分成如下问题：

根据学生和教材的特点，我的教学目标是什么？今天的教学是否达到了预期的目标？为什么？

今天的教学对学生都有哪些帮助？举例说明。今天的教学内容是否有助于学生未来的发展？为什么？

今天采用了哪些教学方法？安排了哪些教学活动？其优缺点各是什么？

今天是否设置了特殊的教学情境？是否达到目的？为什么？

在今天的课堂教学中，给我印象最深的是什么？为什么？

我在今天的教学中用了哪些方法来评价学生的学习情况？这些方法好用吗？为什么？

今天的教学对我明天的教学有何帮助与启示？

（三）教学反思日记的内容

反思日记的内容一般包括以下内容：教学事件发生的日期和具体时间；简要说明发生的教学事件；

根据教学事件对你的影响程度的不同重点记叙一两个情节。对教学事件情节的分析：可能的解释；教学事件的重要性；从中可以学习到什么；该事件让你想到了哪些问题；关联事件；责任。

（四）教学反思日记的好处

通过一些困境进行分析和推断；提高反思能力，促进个人发展；促进对教学的批判性分析；增强对教育心理学与实践的关系的认识；系统地反思个人的发展以及自己在课堂、工作环境中的行为；练习反思性的探究；通过记录从教学事件中学到了什么，增强对教学事件的认识；理解课堂教学实践。

（五）教学反思日记的模板

教学反思日记没有固定的写作内容。为了使教师的反思具有可操作性，这里为教师提供了一个表格式教学反思日记模板。教师初期进行教学反思的时候可以采用类似模板。一个阶段之后，可以采用更有针对性的模板。

表 8.1 教学反思日记模板示例

授课内容		授课时间		记录时间	
教学效果					
成功之处（创新特色）					
存在问题					
改进措施					

第二节 教学反思能力的培养

从本质上来说，教师的反思能力是教师在教学过程中，把自我、教学活动本身作为意识的对象并不断地对自我及教学过程进行积极、主动地计划、检查、评价、反馈、控制和调节的能力。这种对经验的反思，又称反思性实践或反思性教学，旨在更好地领悟并激活那些缄默知识，对其加以解释、说明、评判、验证和促进其发展，把它们变成一种明确的知识并成为支持性的理论，从而引导教师行为的变化，促进教师的专业发展。教师习得和掌握自我反思能力的实施策略，逐渐形成职业活动中的反思习惯，是教师反思能力培养的重要方面。

一、反思的层次划分

（一）技术层次

反思的第一个层次主要针对为了实现教育目标而考虑的方法、技巧以及理论。

为了实现教育目标，教师可能会反思课堂教学、课堂管理，但这些反思都是短期行为、孤立的，教师没有把它们联系起来。很多新教师的反思水平处在技术层次。

反思水平处在技术层次的教师也许能够选择恰当的方案实现教学目标。在他们看来，技能的获得、具有方法意识以及具备讲授一节预设好的课的能力才是重要的。他们可能会逐渐将理论与实践联系起来，注意到教学活动与教学目标的联系。他们需要从观察以及信息加工过渡到问题解决。

对于反思水平处在技术层次的教师，学校应该给他们提供获得连续、真实的教学经验的机会和观察学习指导，与他们一起讨论问题以及问题的解决方案。另外，让他们试验附有详细说明的问题解决方案以及开展有意义的活动。在学习期间，学校要为他们提供必要的教育学知识以及教育理论，促进他们应用、检验与分析教学方法和课堂管理方法。了解学生的特点也有助于他们反思实践问题。

(二)情境层次

反思的第二个层次主要是指对有关课堂教学实践的一些假设、趋势以及教学策略使用效果的反思。当反思水平达到情境层次之后，教师开始关注问题。问题来自个人的观念系统、具体情境以及由于知识、技能提高而对实践的要求。问题引起教师对情境的反思，进而产生更好的教学效果。反思水平处在情境层次的教师也许了解概念、情境以及课堂教学实践的理论基础，能够证明自己做法的合理性并说明它们对学生成长的作用。

教师能够反思自己的实践并使理论和实践联系起来，这是反思水平达到了情境层次的标志。对有关课堂教学实践的假设、趋势以及教学策略使用效果的反思有助于教师评价观念与行为的后果。教师会比较、检验不同的观点、行为，逐渐发展出一套常规并找到最佳方案。了解、熟悉个人与情境的交互作用，这也是反思水平处在情境层次的教师应该做到的事情。

对于反思水平处在情境层次的教师，需要帮助他们了解那些可能对有效教学产生影响的外界因素和限制条件。

(三)辩证层次

第三个层次，也是最高层次的反思——批判性反思是指对直接或间接与教学实践相联系的道德、伦理问题的反思。当反思水平达到辩证层次时，教师会思考与教学计划、教学实施有关的道德、伦理等方面的问题。教师会不带偏见地关注知识的价值以及对学生有益的社会环境，有能力做出合理的选择并能够开明地看问题，这也是反思水平处在辩证层次的一个标志。

反思水平处在辩证层次的教师会分析知识体系并在情境中探究理论。反思水平处在辩证层次的教师会充分利用与外界交流以及自我反思的方式分析知识的价值以及社会影响。他们会将课堂中的事实延伸到社会环境中思考。他们往往采取同伴评价和自我评价的形式，这样有助于提高自我效能感。他们通过不断拓展专业知识以及提高重构情境的能力来评价自己。他们会去检验那些有争议的观点、探索解决问题的系统化方案。

对于反思水平处在辩证层次的教师，应该给他们提供讨论的机会、案例及方法。

二、自我反思能力的自测

教师应从多个方面进行自我反思，需要掌握反思模式，了解反思的过程，评价自我反思的水平以及了解如何进行自我反思。

下列问题可以帮助教师判断当前的反思能力发展水平。在每句话后面最符合你的情况的数字上画圈：4 代表总是这样；3 代表经常这样；2 代表有时这样；1 代表极少这样。

【当我遇到问题时】

1	我能够鉴别问题情境	4	3	2	1
2	我能够根据学生的需要分析问题	4	3	2	1
3	我会为自己的决策寻找支持性/反对性的证据	4	3	2	1
4	我在伦理背景下分析问题	4	3	2	1
5	我能有条理地解决问题	4	3	2	1
6	我凭直觉做出判断	4	3	2	1
7	我会创造性地理解问题情境	4	3	2	1
8	我的做法因情境而异	4	3	2	1
9	我对固定的常规最放心	4	3	2	1
10	我坚持一些观点(例如：所有学生都能够学习)	4	3	2	1
11	我对学生的需要做出积极的回应	4	3	2	1
12	我常常评价个人的目标与行动	4	3	2	1
13	我思维灵活	4	3	2	1
14	我爱提问	4	3	2	1
15	我欢迎同事评价我的做法	4	3	2	1

【当我实施教学计划并评价时】

16	我常常运用创新性的观点	4	3	2	1
17	我关注的焦点是教学目标	4	3	2	1
18	我认为不存在最好的教学方法	4	3	2	1
19	我拥有作为一名好教师所需的技能	4	3	2	1
20	我拥有作为一名好教师所需的知识	4	3	2	1
21	我会自觉地调整教学以适应学生的需要	4	3	2	1
22	我能够充分地完成任务	4	3	2	1
23	我理解概念、基本事实、步骤以及技能	4	3	2	1
24	我理解那些被公认为不错的教学实践的意义	4	3	2	1
25	我设定长期目标	4	3	2	1
26	我对自己的行动进行自我监控	4	3	2	1
27	我评价自己教学的有效性	4	3	2	1
28	我实现了教学目标	4	3	2	1
29	我有规律的写日志	4	3	2	1
30	我参与行动研究	4	3	2	1

计算每个数字被画圈的总次数，然后乘该数字本身，最后将四个乘积相加，得出总分。

4×__________=__________

3×__________=__________

2×__________=__________

1×__________=__________

总分为__________

根据下面的标准可以判断你的反思水平大概处于哪个层次。

75 分以下=技术层次
75～104 分=情境层次
104～120 分=辩证层次

以下这些问题可以供你完成问卷之后思考：

哪一种或哪几种反思最为常见？你认为原因是什么？你认为哪些特征最能体现一个反思型学习者的特点？在完成上述问卷过程中所得到的信息可能对你的反思能力的发展具有怎样的作用？

三、教学反思能力的培养与提升

教师只有具备一定的反思能力，才能主动研究教学中的问题，以质疑的态度来分析教学的过程。遇到难题时，积极寻找解决方法，不断追求更完美的教学方法。

教学反思贯串教师的教学生涯，而不是某一阶段的特殊任务。经验+反思=成长，该公式体现了教师成长应该是一个总结经验、捕捉问题、反思实践的过程。只有不断给自己出难题、不断反思自己的工作、提出更高目标的人，才能不断超越自我、发展自我、完善自我。

(一)不同教师群体反思策略

教师可以依据不同标准划分为不同的群体，按发展水平的差异以及职业年龄特征我们可以把教师分为新手型教师(从业 0～5 年)、适应型教师(从业 6～10 年)、成熟型教师(从业 11～20 年)和专家型教师(从业 20 年以上)。不同教师群体在反思能力上表现出差异性，对应不同的反思能力培养模式。

新手型教师与教学技能反思。新手型教师的知识多数来源于书本，对教学技能的系统认知和有意识调用的水平都比较低。教学技能的迅速提高是新手型教师成长为合格教师的关键因素。因此，新手型教师的反思能力的培养，应以自身教学技能的反思为切入点。在培训实践中，可以采用微格教学技术，首先进行有关微格教学的理论学习。其次观看特级教师的典型课例，分析各种教学技能的类型、特点、效果。再次选择不同课型，如新授课、练习课、复习课进行教案设计。复次进行教学实践和录像。最后对录像进行分析评价，重点针对教师的教学技能。

适应型教师与教学策略反思。适应型教师的知识结构中程序性知识比较丰富，能熟练掌握并运用教学技能，但灵活运用各种教学策略的条件性知识不足。因此，适应型教师反思的重点应是课堂教学策略，具体包括非言语策略、交流策略、组织策略、评价策略和帮助策略。在培训实践中，可以运用案例反思法(突出成功教学案例的价值)。首先，要求教师反思自身教学基本技能是否达到教学要求的水平。其次，与教师共同研讨教学模式中的非言语策略、交流策略、组织策略、评价策略和帮助策略。再次，通过内省与资料收集选择典型案例，深入剖析各种策略的基本要求。最后，通过小组成员对自身教学行为的记录，比较与基本要求的差异，提高把握教学策略的自觉性。

成熟型教师与教学理念反思。成熟型教师已形成适合于自身个性特征的固定的教学方式，在实践中积累了丰富的教学经验，对教材有独到的见解，能关注学生的个别差异。与此同时，出现了教师专业成长过程中的“高原期”。个体特殊的教学经验没有上升为一般的理性认识，教师对教学实践中的教学理念没有自觉意识。因此，此类教师反思的焦点可以指向自身的教学理念。在培训实践中，采用教学病理反思法。首先，通过自我反省与小组头脑风暴，收集各种教学“病历”，然后找出各种典型类型。其次，对不同类型的教学“病历”进行归因分析，重点讨论影响教学有效性的观念。最后，提出解决教学病理的教学对策。

专家型教师与教育科研反思。专家型教师不仅能对自身的教育经验、教学策略进行反思，而且能形成自身的教学风格。专家型教师除了总结个性化教育经验，还需要反思教育、教学活动的普遍规律。对专家型教师的反思能力培养应与教育科学研究过程相结合，这就是教育研究反思法。具体地说，应通过研究论文交流、答辩的方式进行。首先，参训的专家型教师把已有研究成果向小组成员与专家组就以下三个问题进行陈述：研究的背景、主要成果、值得思索的问题。其次，小组成员充分展开交流，专家组重在提出建设性的建议。最后，深化研究成果。

在实践中，应针对不同教师群体的反思指向的不同特点，采用以一种方法为主，其他方法为辅的策略。

(二)反思策略与反思线索的构建

教师反思能力的培养不仅仅是教师培训过程中的各种有意识干预，更重要的是让教师体会到反思意识的重要价值和反思能力对自身成长的意义。与此同时，教师掌握一定的反思策略，形成职业活动中的反思习惯，是教师反思能力培养的重要方面。可以通过构建反思线索，掌握反思策略培养教师发展性的反思能力。反思线索是指反思活动所依据的物化材料，反思策略是指有助于提高教师反思能力的方法、技巧的总称。在实践中，在不同的反思策略中运用了不同的反思线索。

自我提问策略与问题单。这一策略是通过一系列供反思者自我观察、自我监控、自我评价的问题单，不断促进教师提高反思能力的策略。问题单的设计主要涉及以下三方面的内容：第一，有关实践主体方面的内容。关于个体差异的问题，如有关自身的兴趣、爱好、个性特征，自己的长处与短处；关于个体间差异的问题，如自身思考问题、解决问题方式方法上与他人的差异。第二，有关实践材料、实践任务方面的内容。比如，对活动的性质与活动要求的认知。第三，有关实践策略方面的内容。比如，进行某种实践活动可以有哪些方法策略，这些方法策略的优点与不足是什么，它们应用的条件和情境如何。

行为记录反思策略与反思教案。行为记录反思策略贯串实践活动始终，重在对实践活动的过程与效果的反思。这一反思需要依托一定的反思材料，反思的结果要形成反思教案。反思教案由两部分构成，一是教学设计反思表，内容包括五个方面：①对象分析，学生预备材料的掌握情况和对新学习内容的掌握情况。②教材分析，应删减、调换、补充哪些内容？教材中呈现的排列顺序能否直接作为教学顺序？在教学重、难点上教学目标与学生实际是否有差距？③教学顺序，包括环节设计、环节目标、使用材料、呈现方式与环节评价。④教学组织，包括提问设计、组织形式、反馈策略。⑤总体评价，包括教学特色、教学效果、教学困惑与改进方案。二是教学设计的详细案例，也就是平时的教案。实践表明，教师有意识地运用行为记录反思策略，可以提高职业反思意识，进而提高职业反思能力。

交流反思策略与反思札记。反思活动不仅是个体行为，它还需要群体的支持。教师通过语言将自己对某一问题的思考与解决过程分享给小组的其他成员，在大家充分交流、相互诘问的基础上，反观自己的思路与行为，加深对自己的了解，了解不同的观念。然后，把自己的体会写成反思札记。

第三节　教学反思案例

案例一：“思想道德修养与法律基础”教学反思实例

一、课程概况

(一)课程性质

“思想道德修养与法律基础”是一门融思想性、政治性、科学性、理论性、实践性于一体的思想政治理论课。本课程针对大学生成长过程中面临的思想道德和法律问题，开展马克思主义的世界观、人生观、价值观、道德观、法治观教育，引导大学生提高思想道德素质和法治素养，成长为自觉担当民族复兴大任的时代新人。

(二)授课班级

物流管理专业一年级学生。

(三)教学目标

1. 知识目标

个人理想与社会理想的统一；中国精神的科学内涵和时代价值；掌握爱国主义的基本内涵与时代要求；理解改革创新是时代要求。

2. 能力目标

能够理性思考自己的人生发展，制订科学合理的人生规划；能够正确认识个人对祖国的依存关系，强化独立思考和理性爱国能力；能够将改革创新同专业实践结合起来，在自己的专业领域突破陈规；能够进行合作性学习，增强集体意识、团队协作能力。

3. 素质目标

能够将个人理想融入社会理想，将个人命运与祖国、人民的命运联系在一起，立为国奉献之志，立为民服务之志；增强对国家的认同感、自豪感，坚定“四个自信”，做忠诚的爱国者；树立改革创新意识，投身改革创新实践，勇做改革创新的生力军。

二、教学前反思

(一)知识基础

学生大部分是文科背景，系统学习过相关政治、历史知识，具有一定的人文知识基础，但相关理论知识的掌握不扎实、不系统。

(二)认知能力

(1)学生对实现理想应具备的职业精神、劳动观念、创新意识认知普遍偏低，对如何立足专业实现个人理想与社会理想的统一认识不清。

(2)针对社会热点事件具备基本的价值判断，但是未形成体系，不能客观、理性对其做出正确、全面的评价。

(三)学习特点

物流管理专业是小班教学，作为互联网一代，学生对实践学习、网络学习、兴趣小组学习等学习方式认同度高。

(四)专业特性

(1)物流管理专业实践性强，学生有重实践、轻理论的思想倾向。

(2)物流业是劳动密集型行业，学生需要有爱岗敬业、吃苦耐劳的职业精神。

(3)现代物流业发展快、变化大，对学生改革创新思维的要求较高。

(五)预判教学难点

(1)教学内容理论性强，实现理论落地进而突出学生共情共育是教学过程中的重点问题。

(2)学生的理想认同、职业价值认同、爱国主义情感等隐性内容的“可测性”是育人效果的难点。

小结：紧紧围绕“四联系”育人工作深入了解物流管理专业学生的所思、所想、所惑，对学生可能存在的理想困惑、信念缺失、非理性爱国行为等问题进行诊断。

采取的方法：“四联系”访谈学生的理想信念和职业规划；线上学习情况关注学生学习态度等方面的新热点、新问题。

三、教学中反思

反思要点：教与导相结合，突出价值导向。

整合线上线下教学资源，巧设问题，精心导入鲜活的案例，充分调动学生的积极性，引导学生思考问题、探寻答案，全方位提升学生的获得感。引导与帮助学生走出思想误区，提升学生分析问题和解决问题的能力，教会学生感悟社会责任与历史使命。

采取的方法：借助微信、微博、QQ 等，开展“爱国感言”线上告白活动，全方位激发学生的爱国主义情感；话题辩论，明晰个人理想与社会理想的辩证统一；翻转课堂让学生从专业角度畅谈创新，进行实践解码，增强创新意识，做到理论向实处拓展。

四、教学后反思

(1)在专业链接方面，尚未完全达到“一竿子插到底”。

问题：在教学中，受教学内容、时间等各方面的限制，对物流管理专业近5年的就业择业、创业创新缺乏深度的统计与调研。

改进：持续深化“四联系”育人制度，进一步延展专业的职业市场前景调研与预测，深度开展分层教学、链接学生专业，切实增强教学的针对性，实现共情共育。

(2)在理论讲授方面，尚未完全达到“一句话点透”。

问题：教学团队高级职称教师较少，在处理抽象理论时，相对缺乏理论功底支撑，难以达到“一句话点透”的高度。

改进：需要在理论学习上沉下心来，沉潜蓄势、厚积薄发。

(3)在教学设计方面，尚未完全达到“一碗水端平”。

问题：教学内容丰富繁杂、理论性多、实践性少，对教学设计提出了更高要求。

改进：在理论讲授、实践教学等板块设计上，仍有优化完善的空间。

(4)在课后监测方面，尚未完全达到“一张网覆盖”。

问题：知识、能力和素质目标达成的测评指标尚待完善，已有的课后监测较难全面、科学判定教学实施效果。

改进：通过加强“四联系”工作，不定期走访学生，与班级辅导员加强联系，共同实现协同育人，监测育人效果。

(5)在全员育人方面，尚未完全达到“一体化统筹”。

问题：思政课教师、辅导员、班主任、专任课教师育人工作成效较好，但对物流行业、企业等社会资源的整合相对欠缺。

改进：整合利用各种资源，统筹协调各方力量，将育人工作落实得更细一些、实一些，充分发挥社会的思政力量，融入教学各个阶段、各个环节、各个层面。

(6)在问题反馈方面，尚未完全达到“一揽子落实”。

问题：面对学生所反馈的思想、学习、心理等各方面的问题，特别是涉及职业、学业规划等中长期的问题，难以动态把握，全面落实。

改进：制订学生思想动态监测滚动计划，定期组织学生座谈，努力打通全过程育人，随时了解与把握学生思想、学业动态。及早发现各类问题，第一时间解决学生问题。

教学后反思小结：思与践相结合，突出目标导向。

课后对教学进行理性反思，引导学生增强分析问题、解决问题的能力，辅之“第二课堂”助力教学拓展，引导学生将个人理想融入社会理想之中，以自己的实际行动为实现中国梦注入青春能量。

采用的方法：搭建交流平台，开展“1+1”课堂，学长、校友等分享奋斗经验；依托“四联系”育人工作参与学生专业社会实践、“创新·发现”活动，让学生观察身边的创新事物，激发学生的创新意识；

开展“家乡·印象”系列实践活动，让学生立足专业振兴家乡，为实现中国梦努力奋斗。

五、案例总结

(一)教学效果

1. 教的效果：细耕责任田，激活一池水

2016—2019年学生评教结果显示，学生对“基础课”的喜爱度和认同度有大幅度提升。2019年，“基础课”成为学校最受学生欢迎的公共课。“基础课”专任教师评教数据连续保持稳定上升态势，成为学校所有公共课程中唯一的“四连升”。根据2019年12月以来的学生互动数据显示，学生讨论从近1000条飙升至约9000条，学生的学习态度、学习方法有较大改观，表现为愿意学、主动学、积极学，教与学效果显著。学生喜欢，才能叫人口服心服，才能入脑入心，进一步影响他们的价值观，实现知、情、意、行的统一。

2. 学的效果：解开小困惑，探索真善美

(1)知识和能力目标。

学生掌握了有效的学习方法，知识面深入拓展，提高了职业规划、学习能力。专题测验结果显示，97%(42人)的学生掌握了课堂所学知识。依托“四联系”育人制度，跟踪学生动态学情：以寝室为单位建立了9个学习小组；职业技能考试等各类互助学习小组多达5个。

(2)素质目标。

学生的理想信念、爱国主义实现了从感性到理性的升华，从理想到行为的落地。志愿服务的频次更多。据不完全统计，2019年，物流管理专业学生参加各类志愿服务达120余人次，人均每年参加3次。

(二)特色创新(成功之处)

(1)“1+N”交融式教学模式，搭建学生成长“立交桥”。

(2)“四联系”制度，构建协同育人“共同体”。

(3)从分层教学到链接专业，量身打造“专属思政课”。

(4)从“互联网+”到“互联网家”，技术赋能“智慧思政课”。

(三)存在问题

1. 从需求端而言，难以挖掘学生隐性、深层的需求特点

学生刚刚迈入生理成年的行列，正处于“拔节孕穗期”。总的来看，学生的理想与需求是一种隐性的思想结构，有时候学生本人难以用清晰的语言，或显性的形式予以表达，有的甚至不知道(或不是很确切地知道)自己的理想究竟是什么，不能理解爱国与爱国主义的不同，认为创新和自己没有关系。

2. 从供给端来看，优质教学资源集中整合、呈现难度大

“基础课”课程开设的时限和内容覆盖的限制，难以融合多种教学案例、资源。

(四)改进措施

1. 持续强化“链接专业”，精选“实”的案例，增强实效性

教学中链接物流管理专业，取得了一定成效。但“基础课”面向的是所有高职学生。目前，我们已将链接物流管理专业的“基础课”打造成为“样板课程”，形成可借鉴、可复制、可推广的经验模式。接下来，将深入探索链接专业、分层教学，分专业精选有针对性的教学资源、案例等，为更多不同专业的学生量身打造专属思政课，做到既彰显理论魅力，又能在现实生活中帮助学生解疑释惑，增强教学的有效性和针对性。

2. 持续深化“第二课堂”，探索“活”的方式，增强多元性

继续探索“活”的方式，积极开辟环环互动、共融共促的“第二课堂”。比如，依托丰富的红色文化资源、红色教育基地，打造“红岩课堂”；依托“爱尚思政课”实践教学成果展示活动，打造“展示课堂”；依托虚拟仿真实训基地，打造“体验课堂”；依托思政网络课程资源，打造“云端课堂”；依托现有的“四联系”育人制度，打造“1+1 课堂”，努力融入全员、全过程、全方位的“三全育人”大格局。

案例二：“工业机器人现场编程”教学反思实例

一、课程概况

“工业机器人现场编程”是工业机器人技术专业的一门专业核心课，在本专业二年级第一学期开设，共 72 学时。课程响应《中国制造 2025》国家战略，贯彻《国家职业教育改革实施方案》要求，对接工业机器人应用编程(1+X)职业技能等级标准，立足工业机器人系统操作员、运维员岗位能力需求，以激光切割、焊接、搬运、码垛、装配等企业真实工作项目开展项目化教学；以“工业机器人现场编程”精品在线课程、工业机器人技术专业国家教学资源库、“Robot Studio”虚拟仿真软件、微课和新型活页式教材开展线上线下混合式教学。

二、教学前反思

学情分析：授课班级共有学生 41 名，人数较多。生源结构复杂，一人为当兵复员学生，同时有单招生、高考生和对口升学学生。他们的学习基础存在差异，专业英语基础水平参差不齐，对工业机器人技术和现场编程很感兴趣，实训操作积极性高，对新技术、新工艺有强烈的学习欲望，能熟练使用信息技术手段辅助学习。同时，学生能熟练使用“Robot Studio”中的虚拟示教器完成简单程序的编写和调试，但程序优化能力和点位的精准示教能力相对薄弱，复杂程序编制能力和规范操作水平需进一步提高，程序的可读性不强，职业素养和劳动精神有待提升。

教学重点：(1)机器人关节部件智能化装配的工艺分析和流程图绘制；(2)机器人关节部件智能化装配程序编写和调试。

教学难点：(1)在规定时间内，使用示教器完成各关键位置点的精准示教；(2)根据程序运行结果，对工业机器人系统的综合应用程序进行调整和优化。

三、教学中反思

针对大班实训教学过程中“人多设备少”和“围观式教学”的难题，首先进行合理的分组，通过组间互换和组内轮岗方式，结合“Robot Studio”虚拟仿真软件、实时投屏软件、萤石云监控系统等信息化资源和手段加以解决。

针对新时代大学生个性化学习需求，应用丰富立体化教学资源开展线上线下混合式教学，拓展教学时空，满足学生“处处可学、时时可学”要求，实现教与学全过程信息采集。

为进一步激发学生学习兴趣，增强未来岗位的适应性，采用基于行动导向的项目化教学法，以工业机器人装配应用作为教学项目，融入智能制造相关新技术、新工艺和新规范，按照企业真实工作过程完成每个任务的实施。

针对机器人关节部件智能化装配这一综合复杂实训项目，采用引导文教学法，基于活页式教材的信息页、任务页和评价页引导学生完成每个任务的实施，培养学生独立思考、计划决策和分析解决问题的能力。

针对不同生源结构和学生个体学习差异，采用差异化教学法，设计梯式任务和分级考核标准，因材施教。

四、教学后反思

(一)教学效果

采用了“探、展、仿、练、评、延”教学策略，通过合理的组间互换和组内轮岗方式，利用丰富的信息化资源和手段创新了实训教学模式，有效解决了大班实训教学过程中“人多设备少”和“围观式教学”难题。通过精准高效的课堂实施，学生在技能、知识、素养等方面都得到了显著提升，教学相长，有效达成了教学目标。

1. 提高实践技能

通过综合项目实训，基于企业真实工作过程完成了机器人关节部件的智能化装配，学生的工艺设计和编程调试能力明显提升。实操结果数据统计显示，本项目较前五个项目平均得分明显提升；不同水平学生在本项目中每个任务得分逐步提高。严格参照工业机器人应用编程职业技能等级对应模块考核标准进行考评，100％的学生能完成基础任务，87.8％的学生能完成进阶任务。

2. 夯实理论基础

学生在“做中学，学中做”中，进一步加深了对知识的理解，合理应用了机器人关节部件智能化装配的编程与调试。通过本次综合实训项目，学生能够将前五个项目中所学的知识、工艺分析方法和程序调整优化方法应用到本项目中，达到了融会贯通的目的。

3. 职业素养提升

在实训教学过程中，严格执行“6S 管理”标准，学生未出现设备碰撞和损坏等情况，操作完成后也能及时按要求整理工位，学生的安全意识和规范意识得到了进一步提高。在编程过程中，学生能够使用专业英语词汇完成程序和目标点的规范命名，提高了程序的规范性和可读性，专业素养得到了提升。

面对智能装配过程中复杂的工艺设计和程序编制要求，学生都能迎难而上、反复训练、精湛技艺，养成了精益求精、追求卓越的工匠精神和吃苦耐劳、爱岗敬业的劳动精神。组间和组内学生相互协作完成了项目实施，培养了学生严谨细致、实事求是、公平公正、团结合作的工作态度。

(二)特色与创新

1. 实施“四育人”，落实立德树人

按照“探、展、仿、练、评、延”教学策略，通过连续4天的集中实训，学生在“做中学、学中做”过程中实现理论与实践的螺旋上升转化，培养了敬业、精益、专注、创新的工匠精神，完成了实践育人；设置了基础和进阶的梯式任务，制订了分级考核标准，开展差异化教学，实现精准育人；在教学过程中，教师使用专业英语，学生严格按照企业规范要求，使用专业英语词汇完成程序和目标点的规范命名，逐步具备了国际化人才素养，同时为未来职业发展奠定坚实基础，实现了多方位育人；弘扬“劳动光荣、技能宝贵、创造伟大”的时代风尚，让学生在反复实操训练中，出力流汗、接受锻炼、精湛技艺、磨炼意志、团结协作，实现了铸魂育人。通过“四育人”实训教学模式的有效实施，落实了立德树人根本任务。

2. 精准“四对接”，实现书证融通

将专业课程与工业机器人应用编程职业技能等级证书工作领域对接，课程内容与职业技能等级证书培训内容对接，课程教学目标与职业技能等级证书要求对接，项目考核与职业技能等级证书考核对接，实现了书证融通。

3. 推行“四结合”，完成多元考评

在项目实施过程中，采用“四结合+五维度”差异化考评模式，严格参照工业机器人应用编程职业技能等级对应模块考核标准，关注“探、展、仿、练、评、延”全过程数据信息采集，全方位多角度完成学生学习效果考核评价。

(三)存在问题

(1)通过自建工业机器人虚拟装配工作站，每个学生都能利用“Robot Studio”软件完成编程练习和程序验证，有效解决了“人多设备少”无法人人课上练习的难题，但是目前开发的虚拟仿真工作站不具备自动评分功能，需人工对仿真结果进行确认。

(2)作为“工业机器人应用编程职业技能等级证书”试点院校，学院在书证融通方面进行了积极有效的探索，但是目前学院教学平台无法与国家学分银行信息平台实现数据自动对接。

(3)个别学生为了“赶时间”，对难示教的点不细心、不耐心，导致部分关键点示教不准确。

(四)改进措施

(1)在现有自建虚拟装配工作站基础上，开发自动评分功能，进一步提高评价效率。

(2)打通学院教学平台和国家学分银行平台的连接，为学生在毕业后的职业发展、终身学习等进行技术技能积累、转换，满足学生职业发展需求。

(3)教师规范的操作示范，引导学生进一步树立追求卓越、精益求精的工匠精神；教师总结关键点示教的操作技巧性，教师通过示范演示帮助学生提高示教的速度和精度。

教学反思日记示例：

关节底座的智能出库及可追溯装配

<table>
<tr><th colspan="2">教学反思</th></tr>
<tr><td>教学效果</td><td>(1)课后理论测试结果显示，学生对自定义程序数据 rfid、stack 的测试题平均正确率在 90%以上
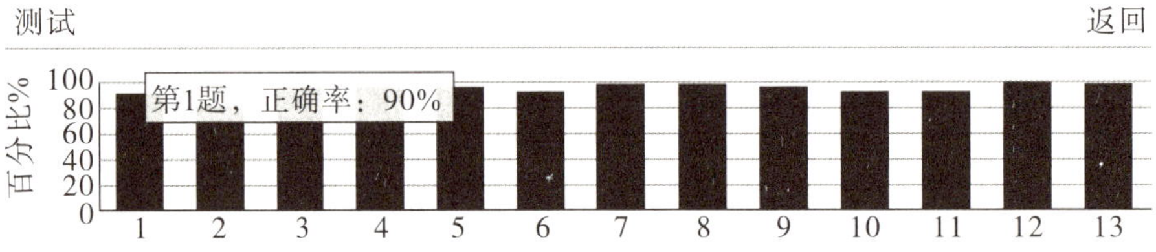

(2)学生在任务的驱动下，课堂参与度和积极性显著提高，85.4%的学生能够独立编写关节底座智能出库程序；87.8%的学生能够根据产品定制及追溯要求，在关节底座装配前进行 rfid 数据写入</td></tr>
<tr><td>特色创新</td><td>(1)播放企业智能料仓与传统料仓对比视频，应用 rfid 与条码跟踪移动资产和库存的视频，让学生清楚智能出库及产品可追溯的重要性，引导学生关注最新行业技术动态
(2)基础任务综合测评低于 85 分的学生，在完成本次进阶任务“关节底座智能出库及可追溯装配”时，教师可根据学生意愿提供部分“智能出库程序”和“rfid 写入程序”，满足学生差异化学习需要。课上掌握不到位的学生，课下通过学习平台继续学习微课加以巩固，加强练习，克服困难，迎头赶上</td></tr>
<tr><td>诊断改进</td><td>存在问题：
通过课堂投票发现，学生对工业机器人技术最新发展动态欠缺了解，对一些新技术、新工艺和新规范比较陌生
改进措施：
在后续教学过程中，实时在教学平台为学生推送工业机器人技术最新发展动态和前沿技术</td></tr>
</table>

【教师评测卡】

<table>
<tr><th colspan="7">教师自我反思能力　评测卡</th></tr>
<tr><th colspan="2" rowspan="2">评价项目</th><th rowspan="2">评价指标</th><th colspan="4">分值</th></tr>
<tr><th>5
完全符合</th><th>4
较符合</th><th>3
较不符合</th><th>2
不符合</th></tr>
<tr><td rowspan="4">对教学反思能力的认知</td><td>1</td><td>我对教学反思的概念界定有清晰的认知</td><td></td><td></td><td></td><td></td></tr>
<tr><td>2</td><td>我熟知教学反思的不同类型</td><td></td><td></td><td></td><td></td></tr>
<tr><td>3</td><td>我对教学反思的具体过程熟稔于心</td><td></td><td></td><td></td><td></td></tr>
<tr><td>4</td><td>我对教学反思的不同方面内容有清楚的把握</td><td></td><td></td><td></td><td></td></tr>
<tr><td rowspan="2">对教学反思能力的培养</td><td>5</td><td>我对教学反思层次的划分有清楚的把握</td><td></td><td></td><td></td><td></td></tr>
<tr><td>6</td><td>我能够准确地对自身的教学反思能力进行自测</td><td></td><td></td><td></td><td></td></tr>
</table>

续表

教师自我反思能力　评测卡							
评价项目		评价指标		分值			
				5 完全符合	4 较符合	3 较不符合	2 不符合
对教学反思能力的实践	7	我总是坚持有规律地进行教学反思					
	8	我的每一次教学反思都能帮助后续教学					

等级	优秀	良好	中等	及格	不及格
分数	35～40	30～34	25～29	20～24	20 分以下

第九章　数字化技能

知识点总数	知识点完成数	评测卡总数	评测卡完成数	知识地图总数	知识地图完成数

知识地图

职业院校的教师要达到“教育技术能力”相关标准，可以从以下三个知识点进行学习：

1. 信息化教学资源检索能力
2. 信息化教学资源加工能力
3. 信息化教学技术应用能力

以上 3 个知识点在“教育技术能力”的具体标准中都有所涉及(见下图)，完成这些知识点学习，你将能够了解更多教育技术能力应用知识。

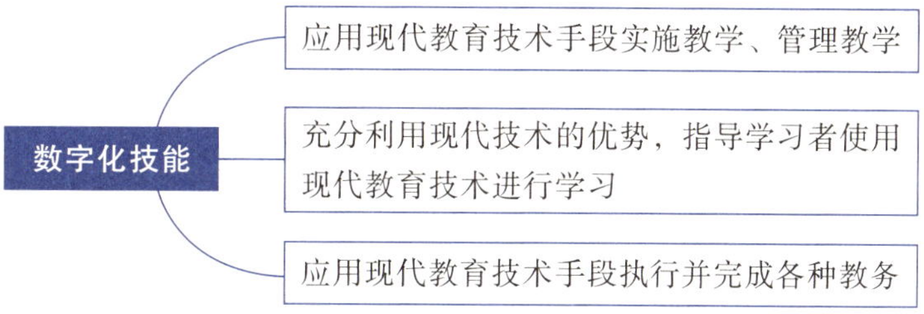

第一节　数字化新理念

数字化时代，对教师的专业技能提出了新的要求，即教师的数字化技能。联合国教科文组织 2018 年出版的《培养面向未来的数字化技能——我们能从国际比较指标中得出什么结论?》报告中提出，广义而言，数字化技能不仅指知道如何应用信息通信技术(Information and Communication Technology，ICT)来获取、分享、生产信息，而且能够应用信息通信技术来批判性地评估和处理信息，运用精确的技术获取和生产信息，以解决复杂问题。数字化技能是一系列技能，其中一些技能严格来说不是技能，而是与行为、专业知识、实际经验和生活技能相关的素养，即“能够确定、查找、评估、组织和有效地生产、使用和交流信息来解决一个问题”。

教师的数字化技能指在数字环境下利用信息技术手段和方法，对信息进行快速有效的检索、获取、评价、整合、创新并将之应用于教育教学工作、贯串教师职业的能力。

一、数字化时代教师应具备的能力

教师应具备的数字化技能强调以分析的、合作的和创造性的方法使用数字化技术的能力，包括使用信息工具，筛选甄别、剖析解释、整理利用信息资源，有效获取、加工整合、共享、存储和生成新信息的能力。教师的数字能力是教师利用信息交流技术开展教学同时推动个人发展的能力，即职业胜任力。

1. 信息工具的使用能力

能够熟练使用多媒体计算机、投影仪、互联网教室、微格教学系统、智慧教室、录播教室等设备，能对其进行基本的维护；能够安装和卸载各种应用程序，会使用文字、图形、图像、音频、视频、动画等处理软件；会使用网络浏览器和搜索引擎工具、网络资源下载工具、网页开发软件和工具、App、数字图书馆、网络信息资源库、学科专业数据库等。

2. 获取识别信息的能力

能够根据专业信息关键词，采用可行的查找策略快速获取和鉴别所需信息，关注权威机构官方网站的专业动态，并将动态信息快精准地推送给学生。

3. 加工、创造、传递信息的能力

能够梳理、归纳和整合信息，运用各种信息处理软件工具从中截取有用的部分进行编辑加工、重新排序或者重组；能够通过各种渠道(如即时通信工具、微信公众平台、微博、论坛等)将信息传递给他人，实现信息和知识的共享。

4. 信息的评价与管理能力

能够鉴别信息的真伪和价值，消除无效冗余信息，筛选出真实有效的信息，能够科学地分类、命名和存储信息。

5. 利用信息技术教学的能力

能够熟练使用多媒体计算机、交互式电子白板、“互联网教室”中的一体化设备、互联网教学平台、人工智能技术、虚拟仿真技术等信息技术手段开展讲解、示范、指导、启发等教学活动，能支持学生开展自主、合作、探究等学习活动。

6. 信息技术与学科整合的能力

能够运用系统方法，优化组合不同媒体，呈现合适的教学资源，运用合理的教学策略，开展基于信息技术环境下的自主、探究、协作学习，实现信息技术与学科的真正融合。

7. 信息的交流与共享能力

能够在信息技术环境下有效整合和共享信息，创造性地表达和呈现信息，使用二维码、微信群、微博等交流教学问题，了解学生心理动态和情绪。

8. 大数据的分析能力

能够通过技术手段对获得的大量数据进行加工和深度挖掘，从中发现需求和特征。

二、TPACK——教师数字化能力框架

数字化能力在很大程度上影响和改变教师能力的内涵和要求。数字化环境下的教学，在教学方法、教学设计、教学评价、教学管理等方面都与传统教学模式存在较大差异，教师教学能力要素不再是技术工具能力与技术应用整合能力的简单叠加，而是一种以适应信息社会发展为前提的技术融入式的能力重组。

针对这种能力重组的要求，TPACK 提出了一个完整的框架。TPACK 是 Technological Pedagogical Content Knowledge 的缩写，即整合技术的学科教学知识，是美国学者科勒(Koehler)和米什拉(Mishra)于 2005 年提出的。国内外学者一致认为对于 TPACK 的研究有利于提高教师掌握和运用信息技术的能力。

(一)TPACK 能力是未来教师必备的能力

TPACK 框架包含三个核心要素，即学科内容知识(CK)、教学法知识(PK)和技术知识(TK)；四

个复合要素，即学科教学知识(PCK)、整合技术的学科内容知识(TCK)、整合技术的教学法知识(TPK)、整合技术的学科教学知识(TPACK)。

学科教学知识是指适用于具体学科内容教学的教学法知识。整合技术的学科内容知识，涉及“技术和学科内容之间彼此相互限制的方式”。整合技术的教学法知识是指当具体技术应用于“教与学”的过程时，“教与学”如何有效开展的知识(包括对相关技术工具可提供哪些教学功能以及对这些功能的适用性及局限性的了解)。

(二)TPACK的三方面特征

第一，TPACK是教师应当具备且必须具备的全新知识，它的贯彻、实施离不开教师，所以在推广、应用TPACK过程中，必须强调教师是教学改革的积极参与者，课堂教学的设计者、实施者；在教学过程中教师应起引导和监控作用。这种观点对教师教育和教师专业发展具有重要指导意义。

第二，TPACK涉及学科内容、教学法和技术三种要素，但并非这三种知识的简单组合或叠加，而是要将技术“整合”到具体学科内容教学的教学法知识当中去。这就意味着对TPACK的学习、应用，应当更多地关注信息技术环境下的“教与学理论”及方法(即信息化“教与学”理论及方法)。

第三，TPACK是整合了三种要素以后形成的新知识，由于涉及的条件、因素较多，且彼此交互作用，这种知识将要解决的问题不存在一种适用于每一位教师、每一门课程或每一种教学观念的解决方案(即确定的解决方案)；这种解决方案只能依赖教师的认知灵活性在三种知识的结合与交叉中寻找。

需要强调的是，教师信息技术应用能力应从整合技术的学科教学知识着手，帮助教师把学科知识、教学法知识、基本技术知识融会贯通，应用于实际教学设计和实践，以及教师的自我评价。其中，基本技术知识应包括对各种较容易取得的技术或数字化工具的功能的了解及应用能力。然后，在实际教学设计和实施时，以教学目标为先，确定教学方法和流程，再选择合适的技术工具或工具组合实现教学设计。

TPACK框架关注信息技术环境下教师知识结构的问题，强调信息技术的引入对教师知识结构的扩展，虽然它不一定是最好的，但却为引导教师信息技术应用能力发展提供了强有力的理论指导和实践方向。

三、数字化时代，教师的自我定位

数字化时代，信息技术的发展日新月异，在层出不穷的新技术包围之下，教师应该有怎样的认识，以使信息技术处于核心的位置，把信息技术应用能力与教师整体的专业能力统合起来，强调教学方法在信息技术应用上的主导地位，更好地利用新技术实现教育增值，真正促进教育变革的发生。

实际教学过程中，很多教师将新媒体、新技术作为对传统媒体的替代，仅仅作为信息载体应用于课堂，或者为了技术而技术，技术剥离于教学而存在。这种情况下，教师往往认为将最先进的科技应用于教学，教学形式新颖、内容丰富，教学改革就成功了，但科技与教学深度融合绝不只体现在上述方面，技术运用产生的教学效果首先还是取决于教师。

数字化教学的成功必须依赖教师。教师面临更大的挑战，教师必须反思，如何能够在数字化教学中实现新媒体、新技术的增值，从而提高教学效果，成为优秀的教师。

(1)成功的教师谈论学习，而不是教学。他们对教育教学方面的考虑是以学生为出发点。数字化教学能够调动学习者的已有知识以及已有经验，结合自身特点找到最适合的数字化技术用于学习。

(2)成功的教师把自己看作教学变革的推动者，他们总是结合学习背景选择相应方法或技术。

(3)成功的教师不只给予，而且要求反馈。反馈不仅是他们的重要工具，而且还是教学的基本组成要素。

仅凭技术并不会彻底改变教育，教学中的人更重要，教师能使数字化举措在教学活动中"活"起来，确保数字化教学有效。正如歌德所说：归根结底，只有头脑才能使每一种技术都鲜活起来。

【教师评测卡】

数字化资源检索能力　评测卡						
评价项目		评价指标	分值			
			10 完全符合	7 较符合	4 较不符合	1 不符合
数字化时代教师应具备的能力	1	我了解联合国教科文组织关于数字化技能的定义				
	2	我了解教师数字化技能包含的内容				
	3	我基本具备上述各项技能并在不断学习提升				
TPACK——教师数字化能力框架	4	我了解 TPACK 的三个核心要素				
	5	我了解 TPACK 的四个复合要素				
	6	我了解 TPACK 的三个特征				
	7	我理解 TPACK 对教师专业发展的预期与要求，在日常教学中有意识地践行				
数字化时代，教师的自我定位	8	我了解国家各项政策对"信息技术与教育深度融合"的要求				
	9	我了解信息技术与教学的关系				
	10	我理解数字化时代教师的定位				

等级	优秀	良好	中等	及格	不及格
分数	90～100	80～89	70～79	60～69	60 以下

第二节　数字化应用场景

一、如何使用搜索引擎

1. 基本搜索

(1)关键词检索。

在搜索引擎中输入关键词，然后点击"搜索"，系统很快会返回查询结果，这是最简单的查询方法。比如寻找某个学校，只需输入其名称或部分名称；寻找本地一家书店，只需输入书店名称和自己所在城市名称即可。大多数查询不需要高级操作或不同寻常的语法，简单就是最好。

(2)使用双引号或书名号。

给要查询的关键词加上双引号或书名号(半角)，可以实现精确查询，表示查询结果为"关键词"(双引号+关键词)，《关键词》(书名号+关键词)。这种方法要求查询结果精确匹配，不包括演变形式。例如在搜索引擎的文字框中输入《整合技术的学科教学知识》，它就会返回网页中有《整合技术的学科教学知识》这个关键字的网址。

(3)使用加号(+)。

在关键词前面使用加号，意味着该单词必须出现在搜索结果中。例如，在搜索引擎中输入"+北京+书店"就表示要查找的内容必须要同时包含"北京、书店"这两个关键词。

(4)使用减号(-)。

在关键词的前面使用减号，也就意味着在查询结果中不能出现该关键词，去除不需要的内容。注意：减号前面必须要有空格。比如"北京 -大学"，就表示最后的查询结果中一定不包含"北京大学"。

2. 限定文档类型搜索——filetype

互联网上很多有价值的资料，并不是以网页形式展现的，而是以 Word、PowerPoint、PDF 等格式存在。报告、标准、数据表、课件甚至政府相关部门的重要文件，都是以各类专业文档的形式存在。

搜索格式为：关键字 filetype：(文件后缀名)。该语法可以限定查询词出现在指定的文档中，支持文档格式有 pdf，doc，xls，ppt，rtf，all(所有上面的文档格式)。可以用于查找特定类型的文件，对于找文档资料相当有帮助。

注意，"filetype:"和后面的文件类型之间，不要有空格。

比如，我们要搜索信息技术 PPT 课件，就可以输入"信息技术 filetype：PPT"

搜索引擎还有很多使用技巧，比如各类搜索语法。可以根据需要搜索使用。

二、如何利用各类 App 资源

除了搜索引擎，我们日常应用的各类 App 中，也有搜索功能，可以检索 App 应用中的相关内容。部分 App，如微信、微博，不仅能提供 App 应用内的资源搜索，还能实现对应用外资源的搜索；不仅能提供文字的搜索，还能实现语音、图片、二维码等的搜索，以及基于位置的搜索。

以微信为例，有两个搜索入口。

一是首屏顶端的搜索框，在这里搜索关键词，优先出现的是联系人、群聊等包含相应关键词的消息。

二是【发现】>【搜一搜】功能的搜索框，这里搜索得到的结果，按照公众号、小程序、百科、视频号、朋友圈、文章、问答等版块分类整理。

随着微信应用的普及，很多机构建立了基于微信的应用与服务，比如基于微信的移动图书馆，提供了更为便捷的馆藏检索方式。

还有一些生活服务类 App，如购物、美食、交通等，也都有内部的搜索功能，可以根据需求选择。

三、如何利用学术资源

学术类数字资源一般有以下来源：网络出版物、网络开放获取资源、机构信息门户等。

1. 网络出版物

网络出版物一般指由商业化公司开发或由图书馆自行开发的，为用户提供高质量信息资源的网络文献数据库系统，是查找学术资源的首选。网络出版物具有信息量大、更新及时、权威、检索方便的特点。

国内外主要网络出版物系统包括：

中国知网(CNKI)：http：//www. cnki. net/

万方数据：http：//www. wanfangdata. com. cn/index. html

维普网：http：//www. cqvip. com/

超星电子图书：http：//www. chaoxing. com/

Elsevier：https：//www. sciencedirect. com/

Springer：https：//link. springer. com/

WOS (SCI/SSCI)：http：//login. webofknowledge. com/

2. 网络开放获取资源

网络开放获取资源，指作者或版权所有人同意把期刊论文(包括已发表和待发表)、预印本、会议论文、学位论文、研究与技术报告等放在公共网络上供所有人免费检索，可阅读、下载、复制、分发、打印以及建立链接的学术信息资源。具有免费获取、时效性强、学术价值高、内容丰富的特点。

国内外主要的网络开放获取资源包括：中国预印本服务系统、国家科技图书文献中心开放资源集成获取系统、中国科技论文在线系统(Science Paper)、中国香港科技大学机构库、美国麻省理工机构库(MIT Dspace)等。

3. 机构信息门户

由国家相关机构牵头组织的公共、科技等信息门户。比较知名的有国家科技图书文献中心、中国科学院文献情报中心、全国图书馆参考咨询联盟等。

(1)国家科技图书文献中心(http：//www. nstl. gov. cn)。

国家科技图书文献中心(National Science and Technology Library)是科技部联合财政部等六部门，经国务院批准，于2000年6月12日成立的一个基于网络环境的科技文献信息资源服务机构。由中国科学院文献情报中心、中国科学技术信息研究所、机械工业信息研究院、冶金工业信息标准研究院、中国化工信息中心、中国农业科学院农业信息研究所、中国医学科学院医学信息研究所、中国标准化研究院标准馆和中国计量科学研究院文献馆九个文献信息机构组成。

(2)中国科学院文献情报中心(http：//www. las. ac. cn)。

中国科学院文献情报中心立足中国科学院、面向全国，主要为自然科学、边缘交叉科学和高技术领域的科技自主创新提供文献信息保障、战略情报研究服务、公共信息服务平台支撑和科学交流与传播服务，同时通过国家科技文献平台和开展共建共享为国家创新体系其他领域的科研机构提供信息服务。

(3)全国图书馆参考咨询联盟(http：//www. ucdrs. superlib. net/)。

全国图书馆参考咨询联盟是在全国文化信息资源共享工程国家中心指导下，由中国公共、教育、科技系统图书馆合作建立的公益性服务机构，其宗旨是以数字图书馆馆藏资源为基础，以互联网的丰富信息资源和各种信息搜寻技术为依托，为社会提供免费的网上参考咨询和文献远程传递服务。

(4)《中国大百科全书》第三版网络版(http：//www. zgbk. com)。

《中国大百科全书》第三版首批条目于 2021 年 7 月 24 日发布，包括网络版中文条目约 21 万个、中国主题英文条目 1000 个、纸质版 3 卷，同步一体上线中国社科词条库。

四、如何利用开放共享课程资源

除文献资源外，还有很多数字化课程资源(如 MOOC 资源、多媒体课件等)、场馆资源(如数字档案馆、数字校史馆、数字博物馆、虚拟仿真实验平台等)可以利用。

国外的如 Coursera、Udemy、edX、可汗学院等，国内的如中国大学 MOOC、学堂在线、爱课程、网易公开课等。

以中国大学 MOOC 为例(2021-12-24，最后浏览)。

您可以通过搜索框查找需要的课程，也可以通过导航栏的课程分类或者学校来检索。

找到需要的课程并进入学习，有视频、文本资料、讨论等课程相关资源可以利用，学习过程中可以参与课程讨论与活动，可以咨询辅导教师和同学。

通过“课件”栏目，可以浏览课程视频、文本资料、讨论等课程相关资源。

通过这门 MOOC 课程，不仅能获得上述与学科知识相关的资料，还可以学习该门课程的设计理念、内容组织方式、教学活动设计、在线交流与辅导等与课程教学相关的内容。这一点，对教师来讲同样重要。

另外，B 站、喜马拉雅等，也有很多成体系的内容可以查阅。备课或者教学过程中需要的一些零散的资源，可以在上述平台查找，也能在快手、抖音等平台上找到很多素材。

“国家开放大学——五分钟课程网”，汇集了 4 万余个各类学历和非学历教育微课程，也是很好的资料来源。由国家数字化学习资源中心提供支持的“全国职业院校信息化教学大赛网站”，汇集了教育部组织的教师信息化教学能力大赛的历年获奖作品，是教师们了解大赛情况，了解各学校教师信息化教学理念与技能的信息来源。

五、如何进行资源管理

随着信息技术的发展，数字化资源的增长速度、获取和应用方式发生了很大变化，资源管理的重要性凸显。

资源管理是指教师运用现代信息技术对教育教学资源进行获取、储存、分享、运用和创新的过程。简单来说，是对数字化资源的分类、存储、标注与调用的过程。这个过程有很多工具可以利用。

1. 文献资料管理工具

我们先来介绍一些科研文献资料管理工具。

以 Note Express 为例。这是一款专业级别的文献检索与管理系统，操作简便，其核心功能涵盖“知识采集、管理、应用、挖掘”的所有环节，是学术研究、资料管理的必备工具。

Note Express 支持将国内外电子文献数据库检索数据批量导入的功能，可以通过自己制作过滤器的方式扩展对其他电子文献数据库的支持，具有查重和强大的本地检索功能。

Note Express 支持将电子文献全文以附件形式与题录关联管理，对文献全文存储无任何特殊要求，可以对电子文献做标记。

Note Express 的笔记功能可以记录科研心得或论文草稿并与相应文献题录建立链接。它还提供了与 Word 无缝集成的插件，为撰写论文、专著提供文献引用和参考文献列表的自动化维护，尤其是对国内外一些著名期刊参考文献输出格式的支持，使论文在投向不同载体时，参考文献格式可以一键生成。

Note Express 支持将个人文献题录导出并与国外文献管理软件交换数据，便于共享资源和学术交流。

Note Express 可以帮助用户从国内外电子图书馆和文献数据库(比如 IEEE、ELSEVIER、SPRINGER、清华同方、万方数据、维普等)中检索，下载文献书目信息并将题录批量导入自己的文献数据库，可以真正做到多数文献看摘要，少数文献看全文。Note Express 在检索后，会在“最近检索”文件夹下自动形成以关键词命名的新文件夹，可以通过鼠标拖拽该文件夹到“保存的检索”文件夹，永久保存检索结果。该文件夹下的内容是自动更新的，这就意味着新添加到数据库中的题录如果符合该搜索条件，将自动在该文件夹下出现，使用者可借此形成自己的研究专题。以后只需要关注这个永久保存且自动更新的文件夹，就能了解该研究专题的最新进展情况。另外，通过不同途径或在不同时段获取的题录，可能存在重复现象，使用者可使用 Note Express 的查重功能选择不同字段进行查重，删除文献数据库中的重复题录。

Note Express 的附件功能可以很方便地将文献全文，甚至文件夹(如超星图书)与相应题录关联起来。当需要细看某题录对应的全文时，只需再点击“附件”按钮，然后双击全文图标即可。并且 Note Express 支持文献标记功能，可以按自己的设定标记文献的重要性或阅读与否。另外，Note Express 的笔记功能可以用来实时记录科研心得，做到图文并茂。笔记也能与相应题录直接关联，并且可以非常方便地插入到 Word 文档中作为论文的素材。

其他文献管理工具如下。

(1)CNKI E-Study。

CNKI E-study 原名为 E-Learning，是中国知网打造的一款免费文献管理软件，集文献检索、下载、管理、笔记、写作、投稿于一体，为学习和研究提供全过程支持，为用户提供 5G 免费存储空间，可满足日常使用需求。

(2)Endnote。

SCI(Thomson Scientific 公司)的官方软件，提供桌面版和网络版，支持国际期刊的参考文献格式。系统资源占用小，有很强的功能扩展，可直接连接上千个数据库，提供通用的检索方式。

(3)Mendeley。

一款国外跨平台文献管理软件，也是一个在线学术社交网络平台，可一键抓取网页上的文献信息添加到个人的“图书馆”中。所有人都可以在 Mendeley 上搜索到世界各地的学术文献，这些学术文献都是由用户自己上传进 Mendeley“图书馆”进行编辑管理，支持在 PC 和移动端云管理文献。

(4)Zotero。

一款开源文献管理工具，可以方便地收集、组织、引用和共享文献，最大优点是能够对在线文献数据库网页中的文献题录直接抓取。

(5)Notefirst。

新一代国产网络版文献管理软件，不仅具有国外主流文献管理软件的功能，还具有全面支持国标、多语言方案、双语参考文献等其他功能。

2. 笔记管理工具

再来看一下笔记管理工具，或者个人知识库建构工具。

(1)Wolai。

Wolai 可以用作个人的信息库、笔记、知识、代办、计划、剪藏、数据等，是一款集知识管理、项目管理、信息管理为一体的软件。用户可以定制自己的数据库，通过 Wolai 特有的网络关系图，可以清晰查看所有数据之间的关系。

(2)Baklib。

Baklib 是一款专业的知识库制作工具，多端适配，拥有在线编辑能力，以及多级分类、标签管理、团队协同等功能，不需要下载安装，访问官网即可使用。编辑十分流畅，能满足不同人群知识创作与存储的需求。

Baklib 的知识分享能力很突出，制作的内容可以转化成一个个精致的站点(20＋主题随意选)，还加入了站点访问权限的功能，保障知识的安全性。

(3)思维导图类。

思维导图类工具，比如 Xmind 和幕布，与传统笔记工具不同，方便构建知识框架，整理思路，厘清关系。

六、如何制作常用资源

1. 常用工具介绍

日常教学中，教师常用的数字化资源一般有 PPT、动画、视频等。制作这几类资源，有很多成熟工具和教程。

制作卡通版动画的优芽(Yoya)，是一款基于网络的交互式动画制作平台，具有操作界面简单、创作流程便捷和情境搭建可视化等特点，同时配有海量场景、角色、道具、音效等资源，帮助用户轻松制作动画。

制作基础手绘板动画的 Easy Sketch Pro 3，是一款极易上手的手绘动画制作软件，可以方便地输出 MP4 格式的视频文件。

制作高级手绘板动画的 Video Scribe，是一款类似于绘画板的软件，使用简单，操作灵活，具有强大的模块库，可以输入中文和英文、添加背景音乐、语音旁白等，较 Easy Sketch Pro 3 手绘动画功能更胜一筹。

制作 Gif 版动画的 Screen To Gif，是一款小而实用的屏幕录制并生成 Gif 动态图片(以下简称“动图”)的工具，它仅包括一个主程序文件。

视频制作软件也有很多，比如 Premiere、After Effects 等专业的后期编辑软件。

Premiere 是由 Adobe 公司开发的一款视频编辑软件。有较好兼容性，易学、高效、精确，提供了采集、剪辑、调色、美化音频、字幕添加、输出、DVD 刻录一整套流程，应用于广告制作和电视节目制作中。可以与 Adobe 公司推出的其他软件相互协作。

After Effects 是 Adobe 公司推出的一款图形视频处理软件，适用于从事设计和视频特技的专业机构。属于层类型后期软件。可以高效且精确地创建动态图形，打造逼真的视觉效果。

会声会影，具有图像抓取和编修功能，可以抓取、转换 MV、DV、V8、TV 文件，实时记录抓取画面文件，并提供 100 多种编制功能与效果，可以导出多种常见的视频格式，甚至可以直接制作成 DVD 和 VCD 光盘。

数码大师是数码相片后期特技制作工具，应用多媒体技术，结合多媒体数字相册制作功能，可以制作各种专业多媒体效果。

KK 录像机支持游戏视频录制、在线视频录制、电脑屏幕录像、QQ 视频录像、网络课件、操作教程录制，集成视频剪辑、添加字幕、添加音乐等功能于一体的视频制作软件。

2. Camtasia Studio 制作简易视频

Camtasia Studio 是一款录屏软件，支持声音和摄像头同步录制，自带后期编辑功能，可以剪辑、制作录屏视频。

下面以 Camtasia8 为例，介绍简易视频的制作。

(1)怎样录屏。

录屏的操作步骤很简单：

进入编辑器，点击红色的录制按钮；

绿色虚线是录制范围；

可以选择打开摄像头和录制音频；

点红色按钮，开始录制；3 秒倒计时之后正式开始录制；

按 F10 退出录制。

(2)编辑器。

编辑器主要的三部分：Clip Bin 剪辑箱、Canvas 画布、Timeline 时间轴。

剪辑箱放的是所有项目中用到的视频、音频、录制文件；把文件从 Clip Bin 拖拽到时间轴上，制作视频。

画布可以实时看到编辑的效果预览。播放时间轴时，可以在这里预览效果。可以拖拽画布上的视频到别的地方，也可以调整视频大小，还可以旋转视频。

时间轴是组装和编辑视频的地方。可以添加无数条轨道。视频、音频、图像都可以在轨道的任何位置。点击加号，增加一个轨道。右键，可以给轨道重命名、删除轨道。

(3)局部放大。

全屏录制时，要看清楚细节，需要局部放大。这个软件自带的 SmartFocus 功能可以自动做这件事。程序会分析你的鼠标位置，输入文字的光标，在时间轴生成放大的效果。SmartFocus 只可用于.Camrec 文件，其他的格式不行。其他的视频格式只能手动添加局部放大效果。

当你所选择的编辑文件比录制文件小的时候，SmartFocus 就会自动添加到时间轴。

(4)输出视频。

点击文件菜单，选择生成和分享，就可以输出视频了。

七、如何利用信息化教学环境

除了在线教学软件或者工具，一般学校都配备有多媒体教室或者智慧教室，有些还建设有虚拟仿真实验设施。我们从这些入手，看看如何利用信息化条件下的软硬件工具。

1. 智慧教学工具

常用的智慧教学工具主要有雨课堂、云班课、课堂派、学习通等。

雨课堂是一款智慧教学工具，它将 PPT、MOOC、微信融为一体，整合课前推送、实时答题、多屏互动、答疑弹幕及学生数据分析等功能。课程开始后会自动生成本堂课的二维码，学生通过微信扫描二维码进班，可保存课件及回顾课程。

雨课堂将复杂的信息技术手段融入 PPT 和微信，在课外预习与课堂教学间建立沟通桥梁，让课堂互动永不下线。教师可以将带有 MOOC 视频、习题、语音的课前预习课件推送给学生，师生沟通及时反馈；课堂上实时答题、弹幕互动，为师生互动提供了新形式。科学地覆盖了课前、课上、课后的每一个教学环节，为师生提供完整立体的数据支持，个性化报表、自动任务提醒，让教与学更明了。

云班课是一款人工智能的免费课堂互动教学 App。它基于移动互联环境，实现教师与学生之间的即时互动、资源推送和作业任务布置，激励与评价体系激发学生的自主学习兴趣，完整的学习行为记录实现对学生学习的过程性考核，更能为教师提供高质量的教学研究大数据，实现个性化智能助学和智能助教功能。

课堂派是一款在线课堂管理平台，为教师及学生提供班级管理、作业在线批改、成绩汇总分析、课件分享、在线讨论等服务。可以组织课中互动、PPT 互动、快速发布作业、在线批阅作业、作业查重、统计成绩，随时与学生沟通。不受操作系统限制，只需浏览器即可注册使用，同时支持 iOS、Android 等手机操作系统，支持本地化部署。

学习通是基于微服务架构打造的课程学习、知识传播与管理分享平台。它利用超星的海量图书、期刊、报纸、视频、原创等资源，集知识管理、课程学习、专题创作、办公应用为一体，提供一站式学习。

这些工具软件最重要的作用是联通课上课下，教学资源、作业测试、教学活动等所有教学过程中涉及的环节可以以设计好的形式呈现、展开。工具是手段，教师对教学的设计与把握才是重点。

2. 协作工具

为了实施协作学习模式，教师需要发布、管理相关协作学习资源、学习活动要求、学习小组分配信息等，为协作探究学习提供相应的内容与服务。介绍几款社会性协作工具，它们操作简单、跨平台性好且体验统一，具备良好的数据安全性，同时拥有强大的协作与交互功能，便于开展协作学习活动。

（1）teambition 平台。

teambition 以团队项目管理为核心，是一个基于云服务的协作化项目管理平台。用户可以通过“任务板”“分享墙”“文件库”等功能来实现项目知识的分享，项目任务的安排及进度监督，以及相关项目的文档存储和分享，如资源分享、素材分享等功能。教师可以在协同学习教学模式中通过“项目管理”和“任务管理”功能发表学习任务、制订学习目标，在“成员管理”中将学生分组；各个协同小组可以根据教师分配的任务进行分工，利用“日程安排”管理任务内容和完成期限。同时在“实时动态”和“分析讨论”中进行学习探讨与交流；利用“文件共享”功能上传学习资料和最后成果等。

（2）明道平台。

明道平台是一款支持自由连接的互联网协作平台，它的功能与 teambition 相似。明道解决工作群体的内外部协作问题，包括工作沟通、日程管理、任务协同、知识共享和全面的移动办公支持等。另外，明道增加了应用中心，在基本的功能不能满足需求的情况下，可以加入流程审批和 CRM 功能，这些应用和插件都是由第三方来提供的。

（3）tower 平台。

tower 平台是一个团队协作工具，主要功能分为讨论、任务、文档、文件四个大部分，可以让团队进行在线讨论、任务指派管理、文件共享、日程安排、查看在线文档。其中“在线讨论”功能在协作平台内架设了一个论坛，每个成员都可以发布帖子并回复讨论，帖子支持多种文本格式。

教师利用该软件可以在协同学习的过程中使用“项目管理”模块对任务进行分配和跟踪，并在“团队管理”模块中给学生分组；各小组成员可以利用“在线讨论”功能对课题进行交流探讨；通过“团队日历”，学生可以了解学习任务和完成期限，教师也可以通过该功能了解学生的学习进度；小组成员还可以利用“团队知识库”功能上传学习资料，在完成任务后上传学习成果。教师可以通过“团队汇报”功能接收和查阅学生提交的日报、周报。

此外，Quip、石墨文档、Worktile、有道云协作等工具也具有类似功能，可以根据教学需求选择应用。

3. 即时通信工具

越来越多的教师将微信、QQ 应用于辅助日常教学，取得了较好的教学效果。

以“泛在学院”公众号中“中华经典诵读”培训项目为例，梳理一下微信应用于教育教学的各种方法。

（1）建立网络学习社群。

可以建立以班级或者学习小组为单位的微信群，让其发挥网络学习社群的作用。群成员可在群内发布通知、分享学习资源、开展即时/延时沟通和头脑风暴等，以及利用微信中的小程序在学习社群内开展调研和学习竞赛等。

“中华经典诵读”培训，班主任在社群中设置了以下服务：

· 每日推送

社群内每日会有学习资料推送，包括“卡路里餐车”“口腔体操”“小试牛刀”等环节，主要用于拓展提升学生发音及朗诵能力。

· 答疑辅导

每周安排一次集中答疑辅导，针对本周提交的作业中，学生集中出现的普遍问题进行辅导，同时接受学生的提问并答疑。

· 讲座培训

每周末安排一次讲座培训，主要讲授发音朗诵的基本知识及技巧，提供现场实时互动答疑。

· 优秀作品评选

定期举办优秀作品评选活动，留存优秀学生投稿作品，建立优秀诵读作品语料库，可适当选取优秀学生参与后期策划活动。

(2)开展在线自主学习。

除了在微信群内推送资源，教师还可以创建个人微信公众号并定期推送学习资源(包括视频、音频、阅读材料等)，发布在线学习任务，或者推荐各种学习类 App 和学生作品。与群内推送的方式相比，这种基于微信公众号进行推送的优点是：系统性更强、更便于家长和学生随时查看、学习并完成任务。

仍以“中华经典诵读”培训为例。课程学习及作业提交均在公众号平台上完成，每日按要求完成学习内容，每周按要求提交作业。

(3)开展面对面教学中的各种互动。

除了开展各种非面对面的交流和资源共享等活动之外，微信还能帮助教师更好地开展各种面对面的互动。

例如，教师可以利用微信的“扫一扫”功能，扫码参与更多的群外互动(发言、评论、协作、投票等)。例如，通过微信扫描微信大屏幕二维码即可发送消息上墙，与场内、场外的所有参与者交流。此外，通过微信的扫码功能扫描教师提供的二维码即可签到、获取资源、参与随堂测验、在线投票和同伴互评等。

4. 3D 打印技术在教学中的应用

(1)3D 打印概述。

3D 打印是快速成型技术的一种，是以数字模型文件为基础，运用粉末状金属或塑料等可黏合材料，通过逐层打印方式来构造物体的技术。通常采用数字技术材料打印机来实现。常在模具制造、工业设计等领域被用于制造模型，现在逐渐用于一些产品的直接制造，在珠宝、鞋类、工业设计、建筑、工程和施工、汽车、航空航天、牙科和医疗产业、教育、地理信息系统、土木工程等领域都有所应用。

(2)3D 打印技术的教学应用。

随着 3D 打印技术的发展，3D 打印在教育领域的应用开始受到广泛关注。

在机械、模具、工业设计等相关专业的教学中，已经引入 3D 打印作为有效的教学和评估辅助手段。将 3D 打印应用于这些课程的教学中，可以将抽象的概念具体化，从而提高教学质量。如教师在静力学课程中，让学生们设计桥梁并计算桥梁受力，所设计的桥梁按比例 3D 打印后进行受力效果检验。学生学习的积极性和教学效果都有很大提高。

目前，3D 打印更多的用于高校和职业教育相关课堂，例如工业设计类、机械类等专业。可以预见，随着3D打印技术更加智能化、通用化，3D打印会被更多课堂采用。例如依托3D打印技术开展创客教育、科普课程、STEM教育、设计教学、虚拟实验及技能训练等，将创新元素融入信息化教学，满足主动探究、动手验证理论设计、协作学习等教学方式的需要。从教育教学理念方面，不断促进新信息技术与现代教育方法的深层次融合与变革，构建新型教学环境，更好地激发学生想象力与创造力，提升学生的学习兴趣，促进学生创新能力的培养。

5. VR技术在教学中的应用

(1)VR技术概述。

虚拟现实(Virtual Reality，VR)是以计算机技术为核心，结合相关科学技术，生成在视、听、触感等方面与真实环境高度近似的数字化环境，是一种基于三维动态视景的、多信息融合的、交互式的、实体行为仿真的模拟信息系统。借助必要装备，还可以与数字化环境中的对象进行交互，产生“身临其境”的感受和体验。具有交互性、沉浸性等特点。

将VR技术应用于教育，是教育与技术融合的一个飞跃。可以很好地匹配情境教学与建构主义思想，可以营造“自主学习”的环境，让学生自主探索各种有趣的学习材料，学生通过自身与信息环境的相互作用来得到知识、技能。

(2)VR技术的教育应用案例。

VR所具有的交互、沉浸的特性，可以把危险的事情安全化，难以理解的东西细致化，趣味性高、互动性好。以国家数字化学习资源中心开发的几款VR资源为例，展示一下在各科教学中的应用。

· 应用于理论教育

《十大战役博物馆》以十大战役为主题，将博物馆分成11个区域分别以展厅的形式展示历史文物、图像、影像等，用VR技术进行知识交互展现。跨越时间和空间的界限，为思想政治理论课教学提供直观、形象的思维材料，使教学手段更科学化、更丰富多彩，使学生能够参与历史、体验历史，使教学内容从课内走向课外；还可以发挥学生的积极性，把被动学习变为主动学习，实现思想政治理论课由“教师为中心”向“学生为中心”转变。

《中国传统手工艺——榫卯》一榫一卯、一凸一凹、一阴一阳，凝聚着百工匠心独运的智慧，沉淀着中国千年传统文化的绝美。如今，我们用三维模型、unity 3D游戏引擎、360度全方位视角等VR技术，与您共同传承中华千年之技，感受古人智慧之美。

· 虚拟实验实训

《建筑安全》系列VR课程借助虚拟现实头戴式显示器，基于SteamVR平台，通过传感器把学习者带入虚拟的世界，利用视觉、听觉和部分触觉给学习者以安全的、沉浸式的、多种互动的体验。以逼真的三维场景，营造出身临其境的教学与实训体验，真实模拟建筑测量实训，体验在建筑工地遇到的各种环境，让学习者能在现实中发现安全隐患，减少事故的发生。而且由于虚拟训练系统的沉浸性且无任何危险的特点，学生可以反复练习。

· 虚拟仿真科普类课程

《科学小实验》是一款K12小实验的虚拟仿真操作类课程，让烦琐的实验变得灵活、有趣、高效、实用。旨在让学习者通过该虚拟仿真软件学习物理、天文、化学等趣味小实验知识，了解日常生活中的有趣现象并认知现象背后的科学原理。《科学小实验》利用了科学实验可以重复的特点，让儿童在安全学习科学原理的同时，保持对科学的爱好。

【教师评测卡】

信息技术应用能力 评测卡

评价项目		评价指标	分值 10 完全符合	7 较符合	4 较不符合	1 不符合
资源制作能力	1	我了解资源制作的常用工具				
	2	我能熟练使用 PPT 制作资源				
	3	我能制作简易视频				
信息化教学环境的应用能力	4	我知道智慧教学工具的功能和它在教学中的作用				
	5	我能够利用智慧教学工具的特点选择不同的教学模式				
	6	我了解一些协作工具的功能，能根据其特点设计协作教学任务				
信息化教学技术的应用能力	7	我了解即时通信工具的基本功能和简单教学应用				
	8	我能利用即时通信工具开展群体教学辅导				
	9	我了解什么是 3D 打印技术，如果这项技术能够运用在教授专业中，我会在课堂授课中加入该技术/我已经在课堂上运用该技术				
	10	我知道如何在教授的专业中加入 VR 技术，能运用在教学中				

等级	优秀	良好	中等	及格	不及格
分数	90～100	80～89	70～79	60～69	60 以下

第十章　教研能力

知识点总数	知识点完成数	评测卡总数	评测卡完成数	知识地图总数	知识地图完成数

知识地图

通过本章学习，职业院校教师应掌握以下内容：

第一节　认识教研：教学研究与教研能力

一、为什么要进行教学研究

(一)国家政策层面

自新课程改革实施以来，教师的教学水平成为保障教育质量的重要指标，教师专业发展与学校教研工作的开展也备受关注。2012 年，国务院颁布了《关于加强教师队伍建设的意见》，其中明确提出要“形成一支师德高尚、业务精湛、结构合理、充满活力的高素质专业化教师队伍”，并针对如何提高各级各类教师专业化水平提出了具体意见和发展途径。2018 年，国务院出台《关于全面深化新时代教师队伍建设改革的意见》，其中明确提出“到 2035 年，教师综合素质、专业化水平和创新能力大幅提升，培养造就数以百万计的骨干教师、数以十万计的卓越教师、数以万计的教育家型教师”。将教师的教学研究能力摆在突出的位置。2019 年 11 月，教育部颁发《关于加强和改进新时代基础教育教研工作的意见》，明确指出“教研工作是保障基础教育质量的重要支撑”，提出要强化校本教研、健全校本教研制度、开展经常性教研活动。

(二)教师发展层面

如图 10.1 所示，从教师能力角度即教学能力和研究能力两个维度出发，教师可分为“教学型教师”

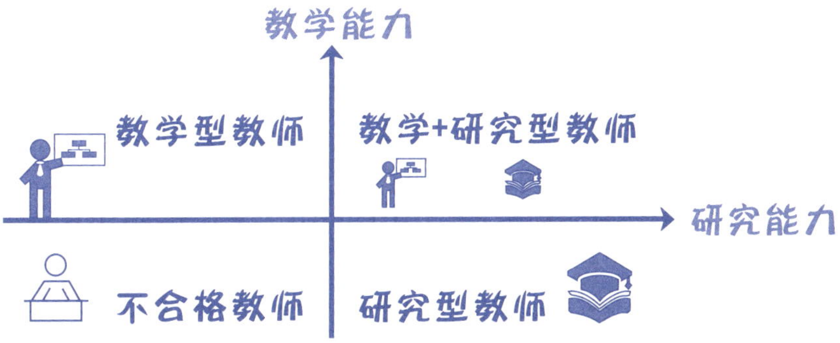

图 10.1　教师能力坐标图

“研究型教师”“教学＋研究型教师”以及“不合格教师”。“教学型教师”是专注于教学工作的教师类型，而“研究型教师”则是专注于科研工作的教师类型，这两类教师自身都具有较强教学或研究能力，但由于能力单一，其发展具有一定片面性。在职业院校中，教学是研究的基础，研究也应建基于教学并反作用于教学。因此，“教学＋研究型教师”是职业院校中最理想的教师类型，他们以教学为主导，不断通过教学研究推动自身教学实践，提升教学质量，同时能够借助公开发表的研究成果，将具有理论和实践价值的教学新理念、新观点和新方法，在本学科乃至整个教育界进行推广，推动教育事业的改革和发展。这一类型的教师最终也将逐渐成长为“教育家型教师”。因此，提高教学研究能力是教师高层次发展的必要条件。具体来说，在职业院校开展教学研究具有以下优点。

1. 有助于提高教师业务素质

经常组织主题教研活动，引导教师开展集体备课、评课、说课等，可以达到互相学习、取长补短、以老带新的目的，不断提高教师基本业务素质。

2. 有助于提高学校教学质量

利用主题教研活动，引导教师共同探讨并制订教学目标、教学方法和教学进度，分析教学重、难点，整合课程教学资源，统一课程教学与评价标准，可以在提高教师教学技能的基础上提高学校教学质量。

3. 有助于提高教师科研能力

利用主题教研活动，收集教师最需解决的问题作为教育科研的方向和课题，采取集体研讨和教育实践等途径，不断总结和反思，形成相关科研论文或研究报告。实现科研带动教学、教学促进科研的目标，使教师科研水平不断提高。

二、教研能力的概念与构成

（一）什么是教研能力

教师的教研能力是基于教师教研活动的个人能力体现，因此，要想弄清楚什么是教师教研能力，我们需要明确教研活动到底是什么。

职业院校中的教研活动与普通学校中的教研活动具有高度相似性，都是研究教学的活动，具体来说是以促进学生全面发展和教师专业进步为目的，以学校课程实施过程和教育教学过程中教师所面对的各种具体的教育教学问题为研究对象，以教师为研究主体，以校为本的实践性研究活动。主要包括专题式教研、问题式教研、随机式教研、互动式教研、反思式教研等多种形式。职业院校的教研活动相较普通学校而言，内容更加丰富、多样，不仅包括学校内部的教育教学活动，还包括学生在实习企业、实习单位开展的教育教学行为。

从教研活动的概念出发，职业院校教师的教研能力是指教师开展教研活动的能力，也就是研究教学的能力，主要包括常规教研能力和课题研究能力两部分。常规教研能力是指教师研究日常教学活动的能力，包括对课程标准、教材、教学方法、教学评价等内容的研究。而课题研究能力则是指教师研究课题的能力，这里的课题通常是由教师在教育教学过程中所遇到的问题转化而来的，教师通过提出假设、收集资料、验证假设、得出结论等一系列的研究过程，解决教育教学过程中所产生的实际问题，进而推动教育教学工作的开展。

因此，职业院校教师的教研能力就是指职业院校教师在教学实践中善于发现问题，能运用相关理论和方法去深层次剖析问题，从而创造性提出解决问题的策略，或提出具有创新性观点的能力。

(二)教研能力的构成

如图 10.2 所示，职业院校教师教研能力主要有自主学习能力、反思创新能力、调查研究能力、团队协作能力、论文撰写能力构成，这 5 个能力相辅相成，互相促进，共同形成了职业院校教师的教研能力。

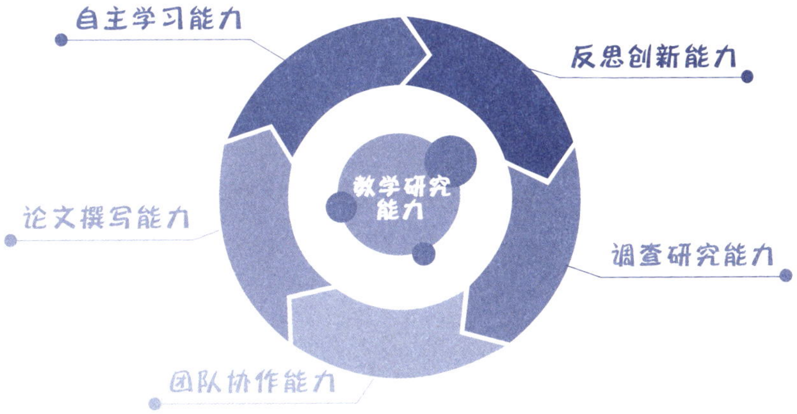

图 10.2　职业院校教师教研能力构成图

1. 自主学习能力

职业院校教师开展教学研究需要相应的知识储备和理论基础。这些知识和理论既包括其所任教的相应学科的专业知识也包括教育学基本理论。职业院校教师在教学过程中可能会遇到一些实际问题，解决这些实际问题所需要的知识和理论不一定都来自自身原有的知识储备，这就需要教师具有自主学习能力，根据自身的实际情况，从多方面学习，不断增强自己的理论水平，用以指导和解决现实问题。自主学习是教师在工作以后能够继续保持学习能力，实现终身学习，不断自我突破、自我完善的重要能力。自主学习能力强调学习的自主性，要求职业院校教师要从内心中表现出想要学习的意愿，具有高度的自觉性和积极性。教师在自主学习的过程中可能会受到新理论和新知识的启发，联系自身的教学活动，通过深层次的理性思考，获得思想上的创新。可以说，自主学习能力是教师能够不断进行教研活动的基础。

2. 反思创新能力

在 20 世纪八九十年代，西方教育界倡导“反思型教师”。有学者曾对此进行归纳，认为“反思型教师”是“能够对自己的实践及实践发生于其中的背景进行分析，能够对教学情境做出评估，并对自己下一步的行动承担起责任，即不盲从未经批判的实践或原则”①。由此可见，反思能力是职业院校教师进

① 洪明：《西方“反思性教学”的兴起与成因》，载《上海教育科研》，2002(6)。

行教研的重要思维能力，反思能力的高低直接影响着教师其他教研能力的发展。教师只有在教学实践中不断反思自身的教学行为与结果，主动发现问题、剖析问题，才能够将对教学的感性认知转化为理性思考，适用于不同的教学情境。创新能力是在反思的基础上，提出新观点、新方法、新理论，解决反思提出的问题，提升教育质量的能力。教育的本质是一种创造性活动，因此，创新能力是教师教研能力的核心。拥有创新能力的教师，才能够在教学活动中充分发挥主体性和创造性，形成独特的个人教学风格。

3. 调查研究能力

调查研究能力是职业院校教师在开展教研活动时选择恰当的研究方法进行教研的能力。在当前职业院校中，教师都能够或多或少地发现教育教学中存在的问题，但在发现问题之后如何进行调查研究，进一步解决问题，是很多教师所面临的研究困境。在教学研究当中，通常采用文献研究法、调查研究法、实验法、个案研究法等方法。但就目前教师教学研究成果来看，大多数职业院校教师进行教研采用的是基于文献研究和经验总结归纳的方法，而通过调查、实验、访谈、统计分析等实证研究方法进行定量和定性研究的相对较少。职业院校教师应尽可能多地掌握多种调查研究方法，提高自己的调查研究能力，提高教学质量。

4. 团队协作能力

职业院校中的一些教学问题涉及学校、企业、学生等多个主体，包含课堂教学、企业实训等不同内容，具有一定多样性和复杂性，需要多名教师，甚至包括企业人员、学界专家等组建研究团队，共同协作完成。因此，团队协作能力是职业院校教师开展教研活动必不可少的能力。组建教研团队时，项目主持人应根据每位成员的特长和研究旨趣进行合理分工，并在项目研究过程中根据项目开展情况随时进行调整和完善。各个成员要具有良好的合作精神、全局观念等，一方面听从项目主持人的安排和调遣；另一方面也要提出自己的合理建议和主张。团结的团队可以充分实现成员间的优势互补，有效推动项目研究的进度。

5. 论文撰写能力

论文是职业院校教师开展教研活动最终产出的研究成果，更是展示、交流与推广研究成果的一种手段和工具，因此，教学研究能力最终体现在论文的写作上。学术论文是“运用学科原理与专业术语，对客观事物现象及背后规律进行归纳、推理与演绎，以此形成的并在一定范围公布的专业理论文章”①，具有专业性、理论性、规范性等特征。职业院校教师应具备最基本的论文撰写能力，这就要求职业院校教师要掌握论文写作的基础知识，在平时多阅读优秀的学术论文，学习写作逻辑和技巧，并且多加练习，逐步提高自己的论文撰写能力。

---

① 尹玉吉：《编辑视阈下学术论文撰写规律研究》，载《编辑之友》，2017(3)。

第二节　从做到研：由教学走向科研

一、教学问题与研究问题

当前，在很多职业院校中，许多教师认为教学问题就是研究问题，简单地将教学问题与研究问题之间画了等号，这是混淆了教学问题和研究问题的概念和关系。想要进行教学研究，选择合适的问题作为自己的研究问题，首先应明确教学问题与研究问题的关系，对教学问题进行深度识别，将其转化为研究问题，方能保证教研的顺利进行。

教学问题是教师在教学过程中所遇到的问题，或是在进行教育活动时所思考、观察到的问题，其来源于现实并十分具体。例如：A班和B班在使用同样教学方法和师资队伍的情况下，成绩为何存在差异、如何提高自己任教科目的课堂教学效率、如何让学生积极参与小组合作学习等。提出这些问题对教师优化教学方法，提高教学质量具有重要意义。但并不是所有的教学问题都可以作为研究问题。研究问题应具有以下几个特点：

(1)研究价值，是指对这个问题的研究可以对理论、认识、实践、应用等产生积极影响，具有一定的现实意义。

(2)可行性，是指这个问题不是凭空捏造的，而是客观存在的，在个人或团队的努力下可以基于一定的现实条件被解决。有一些问题客观存在，并且也有一定的现实价值，但由于一些客观原因，没有办法在现阶段进行研究，或是囿于研究团队的局限性无法开展研究，这种问题也不适合作为研究问题。

(3)独创性，是指在确定研究问题时要选择新颖的，具有一定时代意义的问题。有一些问题对一些教师来说可能是第一次遇到，但学界对这个问题已经做了较多研究，提出了许多有效的解决措施，如果再以这种问题作为自己的研究问题，可供发挥的空间较小，独创性相对较差。因此，在确定研究问题时可以多查阅一些资料，尽量选择新颖、具有创新性，而不是陈旧老套的研究问题。

(4)具体化，是指这个问题的界限应该是清晰的，内容应该是具体的。目前，职业院校教师的研究问题大多是从实践中提取的，或者是从大的研究方向中分解出来的，这就可能导致问题表述过于宏观。例如，“发挥学生主体作用的研究”这个研究问题表述不具体，一方面“学生”究竟指的是哪个学生群体没有进行明确界定，另一方面“主体作用”的具体内容也没有说明。因此，职业院校教师在确定研究问题时应明确这个问题的现实角度，界定清楚问题的内涵和外延，用专业的学术语言对问题进行表述，确定自己的研究问题。

二、教学问题向研究问题的转化

研究问题的来源十分多样，但对职业院校的教师来说，从实践中的教学问题中选择适合自己的研究问题是最便捷的途径。因此，本节着重讲解教学问题向研究问题转化的方式和需要注意的问题，供职业院校教师参考。

（一）思考问题的专业内涵

从问题的角度出发，要将教学问题转化为研究问题首先需要的就是从专业的角度对教学问题进行分析和思考。例如，一位职业院校的专业课教师在教学过程中发现学生当前的企业实习效果不尽如人意，学生在企业中的实习权益也得不到保障，这就产生了“如何提高学生企业实习效果”和“如何保障职业院校学生在企业中顶岗实习的合法权益”等一系列问题。要将这些问题转化为研究问题，职业院校教师除了要在工作层面上思考这些问题，还应该从学科专业维度进行剖析。以上述问题为例，保障职业院校学生在企业中顶岗实习的合法权益不能仅凭教师的个人经验，想当然地提出解决办法，而是要从学生权益无法保障的深层次原因入手，调查和分析原因，从学理角度进行解剖，进而从多主体维度对保障学生权益提出建议，同时，还要对措施和建议之间的内在逻辑进行考量。通过思考问题的专业内涵，从学科专业维度剖析和分解教学问题，可以帮助职业院校教师更加准确地把握问题的本质，由此提出更为准确、更具理论和实践价值的研究问题。

（二）挖掘问题的价值所在

通过上一节的分析，我们知道教学问题并不等同于研究问题，两者之间的差异之一就是是否具有研究价值。因此，挖掘教育教学实践活动中产生问题的价值，是将教学问题转化为研究问题的关键。对于职业院校一线教师而言，想要将教学问题转化为研究问题，需要从内部和外部两个方面进行挖掘。

一是内部价值，即对本学科、本学校的教育教学实践有着较为积极的作用，在理论或实践层面有一定的创新性，可以解决某类问题。

二是外部价值，即除对本学科、本学校的教育教学实践有着较为积极的作用之外，可以推动较大层面上教育事业的发展，或是对本问题研究的一些方法和策略具有一定创新性，可以对其他内容同样具有借鉴和指导意义等。

（三）找到问题的探究要点

找到问题的探究要点是对问题立足点的思考，也是对问题研究可行性的考量，即要确定我们找到的问题是可以被研究的，存在现实可能性。这就要求在将教学问题转化为研究问题时，考虑三个方面的条件：一是客观条件，即支持我们进行研究的资料、时间、人力、技术等是否齐备，开展某些实验性较强的研究，还要考虑到实验设备的条件；二是主观条件，即研究者或研究团队是否具备研究这个问题所必需的知识储备、专业能力和研究专长等，这是决定研究问题能否顺利进行的重要条件；三是时间条件，即这个研究问题是否能在一定时间内完成，或是否适合在当下这个时机来进行。只有同时具备以上三个条件，教学问题才能够顺利转化为研究问题。

在确定教学问题可以被研究之后，要思考问题的立足点，也是对这个问题的进一步聚焦和挖掘。众所周知，理解和解决教育教学活动中存在的某个现实问题，往往有多种维度和多重路径，在确定研究内容时，应从小处着手，对大问题进行细聚焦，选取某一个方面或某一策略进行研究，可以保证研究的可行性和可操作性。以之前提到的“如何提高学生企业实习效果”这一问题为例，职业院校学生在企业开展实习存在着学校和企业两个培养主体，职业院校学生则可以被分为不同专业、不同年级，实习方式存在顶岗实习、教学实习等形式，而实习效果也可以细分为提升职业能力、培养职业精神等多个方面。因此，对于这个问题就可以细化为“高职院校土建类专业学生顶岗实习现状与企业支持研究”，这就对之前的问题进行了进一步的聚焦和细化，更有利于职业院校教师在做好日常教学工作的同时，根据聚焦的研究要点，思考研究策略，进而解决实际问题。

（四）细化问题的逻辑结构

将教学问题转化为研究问题，目标还是提出解决现实教学问题的方案和策略，这就需要职业院校教师在转化问题时进一步对教学问题进行分解，梳理问题的内在逻辑关系，从初始的问题引申出一系列子问题，确定研究问题的内部框架，从而思考相应的解决策略。仍以之前“如何提高学生企业实习效果”这个问题为例，我们可以提出“高职院校土建类专业学生顶岗实习现状与企业支持研究”这样的研究问题。那么这个研究问题中就包含了高职院校土建类学生顶岗实习具有什么特点、土建类学生顶岗实习的现状表现如何、土建类学生顶岗实习存在哪些问题；这些问题中哪些是和高职院校相关的，哪些是和企业相关的；针对与企业相关的这些问题，企业方如何提供支持来保障学生顶岗实习的效果；等等。这一系列的子问题，从内部逻辑来看是环环相扣的，是这个研究问题得以顺利进行的必要保障。总之，将教学问题转化为研究问题，需要职业院校教师对问题进行深入思考，根据其内在逻辑开展扎实的科学研究。

第三节　学术论文的撰写

进行教育教学研究，最终一定会产出一定的研究成果，而研究成果一定要通过表达和展示才能真正为人所知。表达和展示可以是口头表达，即通过演讲、课题汇报、讲课等形式分享给他人，也可以书面展示，即通过撰写研究报告、调查报告、专著、论文等与人共享。其中，学术论文是目前研究成果展示最为普遍和常用的方式，因此，本节简要介绍学术论文的撰写。

一、什么是学术论文

学术论文就是指专门对社会科学或自然科学领域中某一问题进行探讨、分析论证的文章。根据中华人民共和国国家标准 VDC 001.81、CB 7713-87 号文，学术论文是某一学术课题在实验性、理论性或观测性上具有新的科学研究成果或创新见解的知识和科学记录；或是某种已知原理应用于实际中取得新进展的科学总结，用以学术会议上宣读、交流和讨论；或在学术刊物上发表；或作其他用途的书面文件。一般具有学术性、科学性、创造性、理论性等特点。由此可见，学术论文是学术研究的成果和结晶，不是一般的学术感言或体会；学术论文不能仅仅描述某一现象或是简单地堆砌材料，应该是对某一问题的探求和追问。学术论文的作者应在一定理论指导的基础上研究某一问题，向学术界阐述自己的新发现、新见解、新论点。

学术论文可以粗略地划分为原理性论文和应用性论文。原理性论文一般比较抽象，研究的问题具有一定的普遍性和宏观性，且具有较强的思辨性，一般与教育实践有一定的距离。应用性论文则相对具体，实践性较强，一般都来源于教育教学的实际问题，强调应用属性，目的在于解决现实生活中的实际问题。原理性论文和应用性论文并不是非此即彼的关系，有些论文兼具两者特性，也被称为综合性论文。对于职业院校教师来说，应用性论文和综合性论文是更多人的选择。

二、学术论文写作

（一）论文选题

学术论文的选题可以综合反映作者的理论功底、专业素养以及对该研究领域的了解程度和科学分析、判断、构思能力。学术论文的选题一般要遵循四个原则：一是具有一定的研究意义，包括理论意义和实践意义；二是建基于已有的研究成果；三是要结合自己的专业特长和研究兴趣；四是要选择尽量小的题目，充分聚焦。

对于职业院校教师而言，可以从以下几个方面进行论文选题：

第一，从自身实际出发选题。例如：虚拟现实技术在职业院校建筑类专业教学中的应用研究，职业院校教师信息化教学能力提升的内涵、问题与策略研究，等等。

第二，关注当前社会上的焦点问题。例如：农业职业教育服务“三农”的经验借鉴与政策建议，“双高计划”视域下高等职业教育发展的机遇、挑战与对策，等等。

第三，当前，理论界深入研究探讨的课题。例如：增强职业教育适应性的价值分析与推进路径、职业教育开展增值评价的理论构建与路径探索等。

（二）收集资料

在确定论文题目之后，最重要的一项工作就是收集资料，目的是了解当前研究进展和寻找支撑自己研究的证据。这个资料包括直接资料、间接资料和发展资料。直接资料是指作者通过事件调查所获得的第一手资料，一般是问卷调查数据、访谈记录等；间接资料是指通过广泛阅读而获得的第二手资料，可以是其他学术观点或研究方法等；发展资料则是指作者在进行研究过程中自己的所思所想。收集资料这个过程越完备，收集到的资料越丰富、越全面，越能保证学术论文的质量。

（三）确定提纲

确定论文提纲是论文撰写的关键，论文提纲可以统摄全篇论文的思路和布局。在收集资料后，应首先围绕自己的题目和主题选择合适或典型的材料进行编排。其次确定行文的内部逻辑，逻辑要能反映事物的实际情况和规律。再次要保证论文结构的完整和上下文统一，要有头有尾、前后呼应，做到层次分明、有条不紊。最后，应考虑到不同论文的类型，确定合适、完整的论文提纲，作为自己论文写作的“设计图纸”。

（四）撰写论文

很多职业院校教师认为撰写论文是件很难的事，但如果前面几个步骤准备充分的话，撰写论文就是按照自己的提纲和设想，运用所收集到的资料，将自己的思想和观点表达出来，这是顺理成章、水到渠成的事情。当然，论文撰写是一种思想的输出，在此之前，应阅读大量相关学科、主题的学术论文，学习他人的写作技巧。要注意的是，论文写作不是一蹴而就的事，在完成初稿撰写后，要对文章的结构、语言等进行多次修改，最终形成可以公开发表的学术论文。

三、学术论文的结构和格式规范

不同类型、不同学科的学术论文之间存在着结构差别，而且要投稿的学术论文结构也要根据不同期刊的稿件要求相应调整。大体上说，一篇完整、规范的学术论文大致包括以下几个部分。

(1)题目：学术论文的题目要能够简明扼要、准确地概括文章的主旨或主要内容，符合公开发表的索引和检索要求。一般来说，中文标题不宜太长，20字以内为佳，如果有必须要补充说明的内容，可以酌情添加副标题。

(2)作者及单位：在学术论文题目的下方要注明作者及其工作单位的相关信息，包括准确的单位名称、所在省市及邮政编码，单位名称与省市之间要以逗号隔开，邮编与省市之间大多用空格分隔。一篇文章如有多名作者，则要对多名作者的信息做相应说明。例如：

王某某①　　刘某某②

(①北京某职业学院，北京邮编；②河南某职业学院，河南郑州邮编)

(3)摘要：撰写学术论文的摘要能够充分体现作者的学术功底，要用简单的几句话将论文的内容向读者进行介绍，一般包括研究内容、研究方法、研究结论、创新点等。在字数方面，中文论文的摘要一般不超过300字。若有英文摘要，要和中文摘要相对应。

(4)关键词：学术论文的关键词是对文章进行检索的重要内容，是最能反映文章主题的术语。一般来说，一篇学术论文的关键词数量为3—8个，关键词之间用逗号或分号隔开。若有英文关键词，要和中文关键词一一对应。

(5)正文：学术论文的正文是整体结构中的重点，要根据自己的研究内容进行编排，正文应逻辑清楚、层次分明。一般来说，正文层级不宜较多，一般使用三级标题即可，如有必要，可适当增加四级或五级标题。

(6)参考文献：学术论文的参考文献是作者在写作中所参考的书目、期刊、论文、报纸等资料，要在引用观点时做出相应标记。常用的参考文献类型有：专著[M]，会议论文集[C]，报纸文章[N]，期刊文章[J]，学位论文[D]，报告[R]，电子公告[EB]，互联网[OL]等。常用格式如下所示。

• 专著、论文集、报告：

[序号]主要责任者．文献题名[文献类型标识]．出版地：出版者，出版年：起止页码(可选)．

例如：[1]王焕勋．实用教育大辞典[M]．北京：北京师范大学出版社，1995：326．

• 期刊文章：

[序号]主要责任者．文献题名[J]．刊名，年，卷(期)：起止页码．

例如：[1]徐国庆．新福特主义与后福特主义职业教育发展模式比较研究[J]．教育发展研究，2004(12)：56—59．

• 学位论文：

[序号]主要责任者．文献题名[D]．出版地：出版单位，出版年：起止页码(可选)．

例如：[2]瞿连贵．职业教育反贫困的作用机理及实现路径研究[D]．上海：华东师范大学，2021．

·报纸文章：

[序号]主要责任者．文献题名[N]．报纸名，出版日期(版次).

例如：[3]谢希德．创造学习的新思路[N]．人民日报，1998-12-25(10).

·电子文献：

[序号]主要责任者．电子文献题名[电子文献及载体类型标识]．电子文献的出版或获得地址，发表更新日期/引用日期.

例如：[4]中华人民共和国国务院新闻办公室．中共中央关于全面深化改革若干重大问题的决定[EB/OL]．http：//www. scio. gov. cn/zxbd/nd/2013/document/1374 228/1374228. htm. 2013-11-15.

(7)通信方式：通信方式大多不会被刊登在期刊上，但却是作者进行学术论文投稿时必不可少的内容，它可以让期刊编辑和作者取得联系。一般来说，在完成学术论文撰写，想要将其投稿至某一期刊时，要在论文的最后附上作者的通信方式，包括姓名、单位名称及地址、邮政编码、手机号及电子邮箱等信息，编辑可以在文章被录用或需要修改时第一时间和作者取得联系。

第四节　项目申报书的撰写

一、什么是项目申报书

项目申报书是用来向某机构，如教育部、人社厅、学校等申报资助项目时所需要填写的报告文本，包括可行性研究报告和商业计划书等。职业院校教师所填写的项目申报书大多是课题立项申请书，也就是在申请科研项目时所要填写的申请资料，属于可行性研究报告范畴，是申报课题立项时所必须提供的书面材料，主要由课题主办方提供填写模板。不同的课题主办方对于内容的要求存在差异，但总体来说都包括了立项目的、立项基础、课题的主要研究事项、研究进度、研究计划等内容。

二、项目申报书的基本内容

职业院校教师最常见的项目申报书的基本内容主要包括申请基本信息、课题论证报告、课题设计报告、评审意见四大部分，其中课题论证报告和课题设计报告是申报书的核心部分。

(一)申请基本信息

(1)封面。一般包括课题名称、课题负责人的姓名、所在单位、联系方式、填表日期等内容。同时，封面后一般会附上课题主办方所提供的填表说明及要求申请人的承诺。

(2)数据表或基本信息。这部分内容要求申请人提供较为详细的个人情况介绍，包括性别、民族、出生日期、职务、职称、研究专长等。同时也要提供课题参与人的相关信息。

(3)课题负责人和课题组成员近期取得的与本课题有关的研究成果，并对一些研究成果进行简要介绍和说明。

(4)课题负责人正在进行的其他渠道获得的研究课题。

（二）课题论证报告

课题论证报告是项目申报书的核心内容之一，主要说明为什么选择这个课题进行研究，也就是你的立项依据是什么，主要包括研究背景、研究意义、研究现状等。

研究背景是对所选择课题的背景进行说明，也就是从理论背景和现实背景两个方面说明为什么要选择研究这个课题。这一部分的撰写要对这个课题背后的社会背景和问题进行深度挖掘和阐述，突出问题意识，进而表明这个课题研究的紧迫性和必要性。

研究意义通常包括理论意义和实践意义两部分。在背景阐述结束后，针对理论背景和现实背景，进一步点明课题研究在理论和实践两方面可能存在哪些突破，这些突破对于理论研究和实践进展的意义究竟体现在哪些方面。职业院校教师所申报的课题，要更侧重于从微观和实践的角度来撰写这部分内容。

研究现状即国内外研究述评，也就是通常所说的文献综述。这部分是通过对前人已开展的相关研究进行阅读和梳理，了解当前有关主题的研究进展，一方面可以从已有研究中汲取自己所需的研究方法、典型材料等，另一方面可以从已有研究的不足中寻找切入点。

（三）课题设计报告

课题设计报告就是要向课题申报单位的评审人员说明你将要如何开展这项研究，主要包括研究目标、研究内容、研究的重点及难点、研究思路、研究方法、预期成果等，同时还包括论证课题完成条件，也就是要说明时间安排、人员安排、经费安排等。

研究目标主要是对这项课题可以解决什么问题或有什么理论突破进行说明，一般可以表述为“本研究拟通过××方法，旨在发现（或揭示）××规律，解决（或探讨）××问题”。要注意的是，在表述研究目标时，切忌说大话、空话，要确定具体可操作的研究目标。

研究内容要将想要解决的大问题细分为若干个子问题，这些子问题之间要具有逻辑关系，进而通过这些子问题来确定每一项的内容。研究内容看起来各自独立，但内容之间仍存在着紧密的联系，环环相扣。

研究的重点及难点是对课题中的关键问题进行进一步解释和说明，并且要针对这些重点和难点提出自己的技术支持想法和思路。这是向评审人员说明自己具有研究能力的重要保证。

研究思路是对整个研究的设计和把控，要说明研究内容的先后研究和进展顺序、每一步要达到的程度、课题的关键核心环节及如何开展研究等，最后可以用技术路线图的方式对课题研究的步骤和思路进行整体呈现。

研究方法是开展课题研究拟采用的方式方法，常用的有文献分析法、调查研究法、实验研究法、案例研究法等，可以根据自己的研究问题、研究内容来选择合适的研究方法。

预期成果是课题研究结束后将会取得的进展，一般包括阶段性成果和最终成果两部分，并要将成果表现形式做具体说明。成果表现形式可以为学术论文、研究报告、教材、专著等，其中学术论文和研究报告是最常见的两类成果。

课题完成条件的论证包括了时间安排、人员安排、经费安排等。研究课题一般来说都是有时间限制的，在设计报告中要对每一个时间阶段进行安排，同时，要根据课题组成员的各自强项和特长，安排相应的人员，最后，课题研究需要一定的经费保障，但却不能浪费资源，要对项目资金做相应的配备，安排好购买设备、差旅费、会议费等资金的比例，保障项目的顺利进行。

（四）评审意见

评审意见部分主要包括了推荐人意见、课题负责人所在单位意见、资格审查意见、学科组评审意见、领导小组审批意见等。

（本章末尾的参考资料处会附上国家社会科学基金项目申请书，可供参考）

三、如何写好项目申报书

（一）选题

对于职业院校的教师来说，课题研究主要是以解决实际问题为导向的一种教研活动，但需要将教育教学问题通过一定的方法从线性化的工作中剥离出来，进一步聚焦，不断去修改这个问题、确定这个问题，明确研究对象。同时，职业院校教师在选题时要重点关注课题主办单位所发布的课题申报文件，分析文件精神，把握文件内涵，明确此次课题申报主办方想要的成果究竟是什么，有什么限制条件，是否适合自己。在此基础上，根据自己的日常工作和特长，可以初步确定几个选题，进而通过搜集资料、求证他人等方式，对这几个问题进行反复思考，最后确定自己想要申报的题目。

（二）整体策划与设计

确定好申报题目后，要对整个课题进行整体策划与设计。重要思考以下几个方面的问题：一是你的研究目标是什么，和此次申报的主题契合度有多少？二是你的研究问题创新点体现在哪里？是否够新颖，能够吸引主办方的注意吗？三是你选题的依据是什么？你能否完成这个项目？四是你如果申请到将会如何开展？对于时间、资金、人员将要如何安排？五是你的预期研究成果是什么？价值体现在哪些方面？对这些问题做到心中有数，胸有成竹，那么填写项目申报书就变得轻松很多了。

（三）具体填写

对课题有了整体把握和设计之后就可以进行项目申报书的具体填写了，要按照项目书的板块要求，以回答问题的形式填写申报书。在每一部分的填写过程中，要分层次展开叙述，最好可以分为两级或三级标题，在标题处用简练的语句对段落文字进行说明。文字表述要讲求实际，突出问题导向，真正表达出自己对这个问题的所思、所想。同时，在填写过程中要适当地使用图表，尤其是在课题设计部分，可以使用流程图、思维导图的形式呈现自己的研究方案，一方面可以增强说服力，另一方面也能吸引评审专家的注意力。

（四）注意事项

课题申报不是一件简单的事情，在具体的编写过程中，要注意突出重点、核心点，因为主办方的评审专家要在一定时间内看完所有的申报书，能否第一时间抓住他们的眼球，让他们仔细认真看你的内容就成为能否申报成功的关键。首先，要突出最具核心竞争力的内容，包括创新点、研究特长、团队组建等。反复推敲研究成果和特色，努力做到人无我有或人有我精；其次，要注意文字编排格式，看清每一部分的填写要求，做到文题相对。同时，要注意字体、间距、表格、关键处突出等体例的设计。最后，要控制申报书的长度，选择最典型、相关度最好的支撑材料进行填写。

【教师评测卡】

教学研究能力 评测卡							
评价项目		评价指标	分值				
			5 完全符合	4 较为符合	3 一般情况	2 较不符合	1 极不符合
自主学习能力	1	我会主动学习教授学科的知识和教育理论					
	2	当教师后，我也一直保持学习状态					
	3	学习新理论后，我能把它运用到教学实践中，并进行深层思考					
	4	我会深入研究教育方法的形成过程					
反思创新能力	5	我会主动地反思在教学实践的过程中出现的问题					
	6	我知道如何在教学设计中整合、调试、开发和创新利用课程资源					
	7	当发现问题时，我能够提出新理念、新观点、新方法解决现存的问题，提升教学质量更有效地达成教学目标和任务					
	8	我能够发现教学中存在的问题，并找到具有研究价值的选题					
调查研究能力	9	确立选题后，我知道如何由表及里地研究选题					
	10	我能够掌握基本的调查研究方法					
	11	我知道如何针对不同的研究，采用哪种研究方法最恰当					
	12	我知道如何查询文献并加以分析、利用					
团队协作能力	13	当进行团队合作时，我能够充分发挥自身优势配合其他团队成员完成目标					
	14	在团队中，我具有合作精神					
	15	当团队遇到问题时，我能用全局观念去看待和解决问题					
	16	我能够发现团队中其他成员的优势，并知道如何组织管理团队					
论文撰写能力	17	我具备基本的学术论文写作能力					
	18	我发表过相关论文，论文能够对事物现象及背后规律进行归纳、推理与演绎					
	19	我掌握用论文的形式将教学研究的内容和结果呈现出来的方法					
	20	我参与过教学研究和教学改革的研究，并将研究结论用于工作中					

等级	优秀	良好	中等	及格	不及格
分数	90～100	80～89	70～79	60～69	60 以下

【参考资料】

项目登记号	

项目序号	

国家社会科学基金项目
申　　请　　书

学　科　分　类 ____________________

项　目　类　别 ____________________

课　题　名　称 ____________________

申 请 人 姓 名 ____________________

申请人所在单位 ____________________

填　表　日　期 ____________________

全国哲学社会科学工作办公室制

2019 年 12 月

课题负责人承诺：

我承诺对本申请书填写的各项内容的真实性负责，保证没有知识产权争议。如获准立项，我承诺以本申请书为有法律约束力的立项协议，遵守全国哲学社会科学工作办公室的相关规定，按计划认真开展研究工作，取得预期研究成果。全国哲学社会科学工作办公室有使用本申请书所有数据和资料的权利。若填报失实、违反规定，本人将承担全部责任。

课题负责人(签章)

年 月 日

填 写 说 明

一、《申请书》请用计算机填写，所用代码请查阅《国家社会科学基金项目申报数据代码表》，所有表格均可加行加页，排版清晰。

二、封面上方两个代码框申请人不填，其他栏目请用中文填写，其中“学科分类”填写一级学科名称，“课题名称”一般不加副标题。

三、《数据表》的填写和录入请参阅《填写数据表注意事项》，相关问题可咨询当地哲学社会科学规划管理部门。

四、《课题论证》活页与《申请书》中“表二．课题设计论证”内容略有不同，请参阅表内具体说明。

五、《申请书》报送一式5份，统一用A3纸双面印制、中缝装订，《课题论证》活页夹在申请书内。各省(区、市)报送当地哲学社会科学规划管理部门，新疆生产建设兵团报送兵团哲学社会科学规划办公室，在京中央国家机关及其直属单位报送中央党校科研部，在京部属高等院校报送教育部社科司，中国社会科学院报送本院科研局，军队系统(含地方军队院校)报送全军哲学社会科学规划办公室。

填写《数据表》注意事项

一、本表数据将全部录入计算机，申请人必须逐项如实填写。填表所用代码以当年发布的《国家社会科学基金项目申报数据代码表》为准。

二、《数据表》中**粗框内一律填写代码，细框内填写中文或数字**。若粗框后有细框，则表示该栏需要同时填写代码和名称，即须在粗框内填代码，在其后的细框内填相应的中文名称。

三、有选择项的直接将所选代码填入前方粗框内。

四、部分栏目填写说明：

课题名称——应准确、简明地反映研究内容，一般不加副标题，不超过40个汉字(含标点符号)。

关 键 词——按研究内容设立。最多不超过3个主题词，词与词之间空一格。

项目类别——按所选项填1个字符。例如，选"重点项目"填"A"，选"一般项目"填"B"，选"青年项目"填"C"等。

学科分类——粗框内填3个字符，即一级学科代码，细框内填二级学科名称。例如，申报哲学学科伦理学专业，则在粗框内填"ZXH"，细框内填"哲学伦理学"字样。跨学科课题填写与其最接近的学科分类代码。

所在省市——按代码表规定填写。地方军队院校不按属地填写，一律填写"军队系统"。

所属系统——以代码表上规定的七类为准，只能选择某一系统。

工作单位——**按单位和部门公章填写全称**。如"北京师范大学哲学系"不能填成"北京师大哲学系"或"北师大哲学系"，"中国社会科学院数量与技术经济研究所"不能填成"中国社会科学院数技经所"或"中国社科院数技经所"，"中共北京市委党校"不能填为"北京市委党校"等。

课题组成员——必须是真正参加本课题的研究人员，不含课题负责人。不包括科研管理、财务管理、后勤服务等人员。

预期成果——指最终研究成果形式，可多选。例如，预期成果为"专著"填"A"，选"专著"和"研究报告"填"A"和"D"。字数以中文千字为单位。结项成果原则上须与预期成果一至，如计划用少数民族语言或者外语撰写成果，请在论证中予以说明。

申请经费——以万元为单位，填写阿拉伯数字。申请数额可参考本年度申报公告。

一、数据表

<table>
<tr><td>课题名称</td><td colspan="7"></td></tr>
<tr><td>关键词</td><td colspan="7"></td></tr>
<tr><td>项目类别</td><td></td><td colspan="6">A. 重点项目　B. 一般项目　C. 青年项目　D. 一般自选项目　E. 青年自选项目</td></tr>
<tr><td>学科分类</td><td></td><td colspan="6"></td></tr>
<tr><td>研究类型</td><td></td><td colspan="6">A. 基础研究　B. 应用研究　C. 综合研究　D. 其他研究</td></tr>
<tr><td>课题负责人</td><td></td><td>性别</td><td></td><td>民族</td><td></td><td>出生日期</td><td>年　月　日</td></tr>
<tr><td>行政职务</td><td></td><td>专业职称</td><td></td><td>研究专长</td><td colspan="3"></td></tr>
<tr><td>最后学历</td><td></td><td>最后学位</td><td></td><td>担任导师</td><td colspan="3"></td></tr>
<tr><td colspan="2">所在省(自治区、直辖市)</td><td></td><td>在京高校</td><td>所属系统</td><td>A</td><td colspan="2">高等院校</td></tr>
<tr><td>工作单位</td><td colspan="3"></td><td>联系电话</td><td colspan="3"></td></tr>
<tr><td>身份证
件类型</td><td></td><td>身份证
件号码</td><td></td><td colspan="2">是否在内地(大陆)
工作的港澳台研究人员</td><td colspan="2">(是/否)</td></tr>
<tr><td rowspan="8">课题组成员</td><td>姓名</td><td>出生年月</td><td>专业
职称</td><td>学位</td><td>工作单位</td><td>研究专长</td><td>本人签字</td></tr>
<tr><td></td><td></td><td></td><td></td><td></td><td></td><td></td></tr>
<tr><td></td><td></td><td></td><td></td><td></td><td></td><td></td></tr>
<tr><td></td><td></td><td></td><td></td><td></td><td></td><td></td></tr>
<tr><td></td><td></td><td></td><td></td><td></td><td></td><td></td></tr>
<tr><td></td><td></td><td></td><td></td><td></td><td></td><td></td></tr>
<tr><td></td><td></td><td></td><td></td><td></td><td></td><td></td></tr>
<tr><td></td><td></td><td></td><td></td><td></td><td></td><td></td></tr>
<tr><td>预期
成果</td><td></td><td colspan="4">A. 专著　B. 译著　C. 论文集　D. 研究报告　E. 工具书　F. 电脑软件　G. 其他</td><td>字数
(千字)</td><td></td></tr>
<tr><td colspan="2">申请经费(单位：万元)</td><td></td><td>计划完成时间</td><td colspan="4">年　月　日</td></tr>
</table>

二、课题设计论证

本表参照以下提纲撰写，要求逻辑清晰，主题突出，层次分明，内容翔实，排版清晰。除“研究基础”填在表三外，本表内容与《活页》内容一致。

1. [选题依据]国内外相关研究的学术史梳理及研究动态；本课题相对于已有研究的独到学术价值和应用价值等。
2. [研究内容]本课题的研究对象、总体框架、重点难点、主要目标等。
3. [思路方法]本课题研究的基本思路、具体研究方法、研究计划及其可行性等。
4. [创新之处]在学术思想、学术观点、研究方法等方面的特色和创新。
5. [预期成果]成果形式、使用去向及预期社会效益等。
6. [参考文献]开展本课题研究的主要中外参考文献。

三、研究基础和条件保障

本表参照以下提纲撰写，要求填写内容真实准确。

1. [学术简历]课题负责人的主要学术简历、学术兼职，在相关研究领域的学术积累和贡献等。

2. [研究基础]课题负责人前期相关研究成果、核心观点及社会评价等。

3. [承担项目]负责人承担的各级各类科研项目情况，包括项目名称、资助机构、资助金额、结项情况、研究起止时间等。

4. [与已承担项目或博士论文的关系]凡以各级各类项目或博士学位论文(博士后出站报告)为基础申报的课题，须阐明已承担项目或学位论文(报告)与本课题的联系和区别。

5. [条件保障]完成本课题研究的时间保证、资料设备等科研条件。

说明：前期相关研究成果限报5项，成果名称、形式(如论文、专著、研究报告等)须与《课题论证》活页相同，活页中不能填写的成果作者、发表刊物或出版社名称、发表或出版时间等信息要在本表中加以注明。与本课题无关的成果不能作为前期成果填写；合作者注明作者排序。

四、经费概算

	序号	经费开支科目	金额(万元)	序号	经费开支科目	金额(万元)
直接费用	1	资料费		5	专家咨询费	
	2	数据采集费		6	劳务费	
	3	会议费/差旅费/国际合作与交流费		7	印刷出版费	
	4	设备费		8	其他支出	
间接费用				合计		

注：经费开支科目参见《国家社会科学基金项目资金管理办法》。

五、课题负责人所在单位审核意见

申请书所填写的内容是否属实；该课题负责人及参加者的政治和业务素质是否适合承担本课题的研究工作；本单位能否提供完成本课题所需的时间和条件；本单位是否同意承担本项目的管理任务和信誉保证。

申请书所填写的内容属实；该课题负责人及参加者的政治和业务素质适合承担本课题的研究工作；本单位能提供完成本课题所需的时间和条件；本单位同意承担本项目的管理任务和信誉保证。

科研管理部门公章　　　　单位公章

年　月　日　　　　年　月　日

六、各地社科规划管理部门或在京委托管理机构审核意见

对课题负责人所在单位意见的审核意见；是否同意报全国哲学社会科学工作办公室送学科评审组评审；其他意见。

情况属实，同意申报。

单位公章

年　月　日

七、评审意见

<table>
<tr><td>学科组人数</td><td></td><td>实到人数</td><td></td><td>表决结果</td><td></td></tr>
<tr><td>赞成票</td><td></td><td>反对票</td><td></td><td>弃权票</td><td></td></tr>
<tr><td>建议资助金额</td><td>主审专家意见</td><td colspan="2">万元</td><td>学科评审组意见</td><td>万元</td></tr>
<tr><td>主审专家意见</td><td colspan="5">1. 立项依据；2. 改进建议。

主审专家签字：
年　　月　　日</td></tr>
<tr><td>学科组意见</td><td colspan="5">学科组召集人签字：
年　　月　　日</td></tr>
</table>